KÜRBIS

LANDHAUSKÜCHE

KÜRBIS

LANDHAUSKÜCHE

Von Regina Schrambling

Fotos von Deborah Jones

Aus dem Englischen von Susanne Dickerhof-Kranz

Bearbeitet von Marion Morawek

CARLSEN

Für Bob, der mich zum Essen zurückführte.

2. Auflage 1997
Alle deutschen Rechte bei Carlsen Verlag GmbH, Hamburg 1995
Die Originalausgabe erschien unter dem Titel
Squash: A Country Garden Cookbook bei Collins Publishers, San Francisco.
Copyright © 1994 Collins Publishers, San Franciso
Rezepte und Text © 1994 Regina Schrambling
Fotos © 1994 Deborah Jones

Published by arrangement with Collins Publishers,
a division of HarperCollins Publishers Inc.
Lektorat: Ursula Steffens
Druck und Bindung: Grafiche AZ, Verona
ISBN 3-551-85033-X
Printed in Italy

INHALT

Es treibt Natur mit nichts so viel
Als mit dem Menschenbild ihr Spiel;
Wenn man ein Laub, ein Brot zerbricht,
Entsteht ein Menschenangesicht,
Und manche Kürbispflanze trug
Auch mein Gesicht schon Zug für Zug.

Justinus Kerner

EIN WORT VORWEG

Ich habe den Kürbis relativ spät als Delikatesse entdeckt. Bei uns zu Hause gab es nur gelegentlich eingelegten Kürbis, den meine Mutter im Supermarkt kaufte. Dort gab es ihn vor allem wegen der vielen mexikanischen Nachbarn. Sie aßen das ganze Jahr über Kürbis, und die Kürbiskerne wurden geröstet und gesalzen und so als Knabberei angeboten. Erst als ich in New York lebte und zum »berufsmäßigen« Esser wurde, begann ich, mich für Kürbisse wirklich zu interessieren. Angeregt wurde ich von den vielen ethnischen Lokalen, die Kürbisgerichte in allen Variationen auf der Speisekarte hatten, als Torten, Reisgerichte, Enchiladas. Und in den Geschäften sah ich sie in allen nur vorstellbaren Größen und Farben.

Verblüffend war für mich ein Erlebnis aus meiner Ausbildungszeit: Eine Kollegin, die sonst nicht durch besonderes Kochtalent auffiel, ließ uns das mit Abstand köstlichste Kürbisgericht probieren. Wie ihr das gelang? Ein reifer Butternut-Kürbis wurde gebacken und das Fruchtfleisch püriert, gewürzt wurde zuletzt mit Butter, Honig und Thymian. Ich lernte daraus, daß man gute Produkte nicht zu Tode kochen, sondern für sich sprechen lassen sollte.

Auf dem Markt gibt es mittlerweile zu jeder Jahreszeit Kürbisse, die verschiedenen Sommer- und Winterarten werden aus allen Teilen der Welt importiert. Vor allem aus Afrika und Südamerika kommen immer neue Sorten auf unsere Märkte, und wir sollten uns angewöhnen, unsere Küche mit ihnen abwechslungsreicher zu gestalten.

Die zunehmende Beliebtheit von Kürbis ist unter anderem dem wachsenden Gesundheitsbewußtsein zu verdanken. Denn Kürbisse sind gesund, reich an Beta-Karotin und Ballaststoffen, kalorienarm und vielseitig zuzubereiten. Grund genug also, ihnen mehr Aufmerksamkeit zu schenken, als unsere Vorfahren es taten, denen außer dem Einlegen in Essigsud nicht viel einfiel. Wer dieses Buch liest, wird überrascht sein von der Vielseitigkeit der Kürbisküche.

Der Kürbis ist in Amerika heimisch, und lange vor Kolumbus diente er den Indios als Grundnahrungsmittel. Die Indios lehrten die Europäer den Umgang mit dem bunten Gemüse, und diese brachten es mit nach Europa.

In Europa wurde der Kürbis problemlos akzeptiert, denn schon seit dem Altertum hatte man hier eine kürbisartige Melonenpflanze ähnlich verwendet: Man aß ihr Fleisch, oder man trocknete sie, um aus der ledrigen Haut Kalebassen, also Wasserflaschen, zu machen.

Die gängige Bezeichnung für Kürbisse in Amerika ist übrigens Squash. Das Wort kommt aus der Sprache der Narragansett-Indianer und bedeutet »grünes Ding, das man roh ißt«.

WISSENSWERTES ÜBER KÜRBISSE

Kürbisse sind eines der vielfältigsten Gemüse, die wir kennen. Dutzende von Sorten sind uns schon bekannt. Und Züchter entwickeln ständig neue Varianten mit saftigerem Fleisch, kurioserem Äußeren und bunteren Schalen. Manche haben deutsche Namen bekommen, andere laufen unter den Bezeichnungen aus ihrer Heimat, wieder andere warten bei uns noch auf ihre Entdeckung.

Da Kürbisse aus allen Teilen der Welt zu uns kommen, gibt es mittlerweile zu jeder Jahreszeit irgendeinen Kürbis zu entdecken. Der gute alte Gartenkürbis allerdings ist nach wie vor eine Herbstfrucht.

Einkauf

Kürbisse sollten eine feste, straffe Schale ohne Risse haben. Kleine vernarbte Hautstellen sind nicht schlimm. Kürbisse sollten sich schwer anfühlen und auf Klopfen einen etwas hohlen Ton hervorbringen, wenn sie reif sind. Große Kürbisse werden oft auch portionsweise verkauft. Im großen und ganzen sind kleine Kürbisse aromatischer als große, denn ihr Fleisch ist weniger mehlig. Das gilt auch für Zucchini, die mit zunehmender Größe wässriger und fader im Geschmack werden.

Reinigung

Kürbisse, die vom Feld kommen, sind oft mit Erde verklebt. Man wäscht sie am besten mit einer Gemüsebürste unter fließendem Wasser, bis die Haut sauber ist. Große, festschalige Früchte wie der Gartenkürbis müssen geschält und entkernt werden, kleine Sorten wie Squash oder Patisson haben oft eine dünne Schale, die mitgeschmort werden kann. Bei großen Kürbissen müssen auch die Kerne und die strohigen Fasern im Innern entfernt werden. Das macht man am besten mit einem festen Löffel.

Lagerung

Dünnschalige Kürbisse lagert man im Gemüsefach des Kühlschranks. Dickschalige Kürbisse lagert man trocken und kühl, am besten im Keller. Haben sie eine unbeschädigte Schale, kann man sie wochenlang aufbewaren. Will man die Kürbisse länger lagern, ist es bessser, sie zu schälen, zu entkernen und in Stücken in Kunststoffbeuteln einzufrieren.

Zubereitung

So, wie es keinen Standardkürbis gibt, gibt es auch keine Standardgarmethode. Patissons kann man mit der Schale schmoren, braten, grillen oder im Ganzen backen. Dickschalige kleine Kürbisse halbiert man, kratzt die Kerne heraus und backt die Hälften im Backofen, bis das Fleisch weich ist. Große, dickschalige Kürbisse werden entweder geschält, entkernt und in Stücke geschnitten oder im Ganzen gefüllt und bei milder Hitze im Ofen gebacken. Spaghettikürbis hingegen gart man im Ganzen, nachdem man ihn mehrfach eingestochen hat. Danach schneidet man ihn auf und löst die spaghettiartigen Fasern mit einem Löffel voneinander.

Die Kerne einiger Sorten sind eßbar. Man kann sie im Backofen rösten und dann aus den Schalen knakken. Dafür müssen die Kürbisse aber vollständig ausgereift sein, und das heißt in den meisten Fällen, daß das Kürbisfleisch überreif und matschig geworden ist. Die besten Kerne hat der steirische Buschöl-kürbis, der bei uns nicht gedeiht. Die Kerne kann man aber im Reformhaus kaufen.

Kürbisse selber anbauen

Der Kürbisanbau ist eine besonders dankbare Beschäftigung. Nicht nur wachsen Kürbisse, wenn es sein muß, in jedem Hinterhof. Sie sind zudem auch von ungeheurer Wachstumsfreude und produzieren oft mehr Früchte, als ein einzelner Haushalt verarbeiten möchte.

Zur Anzucht gibt man die Kürbissamen am besten etwa einen Monat vor dem Auspflanzen in kleine, mit Erde gefüllte Schalen und läßt sie an einem warmen Ort keimen. Die kleinen Pflänzchen müssen dann in Abständen von etwa 1,50 Meter gepflanzt werden, denn sie brauchen Platz, um sich auszubreiten. Einige Kenner empfehlen, dazwischen Basilikum zu pflanzen, das man ernten kann, bevor die Kürbisse auf dem Beet endgültig die Macht übernehmen.

Man kann auch köstliche Gerichte aus **Kürbis-blüten** machen. Dafür knipst man ein paar Blüten von den Ranken – bevorzugt männliche, die keine Frucht tragen werden. (Männliche Blüten haben dünnere Stiele als weibliche, bei denen man oft schon die erste Ausbeulung eines jungen Kürbisses entdecken kann.) Einige männliche Blüten sollten zurückbleiben, damit die Befruchtung gelingt.

Weichschalige Kürbisse und Zucchini sollte man ernten, wenn sie noch klein und aromatisch sind. Sie können riesig werden, aber das geht auf Kosten der Qualität. Dickschalige Kürbisse hingegen sollten so

weit wie möglich ausreifen, das macht ihr Fleisch aromatischer. Aber Achtung: Vor dem ersten Bodenfrost muß der letzte Kürbis geerntet sein, denn Bodenfrost macht aus prächtigen Früchten traurigen Matsch.

Sorten

Es ist durchaus möglich, daß Sie auf dem Markt einen Kürbis finden, der in unserer Aufzählung fehlt. Mit diesem können und sollten Sie experimentieren: Kaufen Sie ihn, schneiden Sie ihn auf, prüfen Sie die Festigkeit der Schale und des Fleisches und ersetzen Sie nach Lust und Laune die eine Kürbissorte durch eine andere. Die Garzeiten können dabei natürlich variieren: Darum immer mal mit einem Messer ins Fleisch stechen, um zu prüfen, wann es weich wird. Sie werden sich über die gelungenen Experimente freuen.

Weichschalige Kürbisse

In Amerika subsummiert man alle weichschaligen Sorten grob unter der Bezeichnung »Squash«. Die Bezeichnungen für die einzelnen Sorten sind je nach Region und Gutdünken der Importeure und Züchter sehr unterschiedlich.

Chayote

Diese Kürbisart aus Mittelamerika wird 7–20 cm lang, ist gurkenförmig und wird bis zu einem Kilogramm schwer. Ihre Farbe ist weißlich bis grün, die Haut glatt, stachlig oder warzig. Chayote werden meistens geschält, weil die Schale etwas dicker ist als bei ihren weichschaligen Verwandten. Man kann das Fruchtfleisch roh essen oder kochen und dünsten, es ist von mild-süßem, relativ neutralem Ge-

Chayote

Squash

Roly Poly

Krummhalsiger Flaschenkürbis

Zucchini

Geradhalsiger Flaschenkürbis

schmack. Chayote haben nur einen Kern, der geröstet recht aromatisch schmeckt.

Patisson oder Squash

Kleiner, zartschaliger Kürbis, die Standardsorte aus Amerika, der gewöhnlich mit der Schale und den Kernen verwendet wird, ähnlich wie Zucchini. Seine Farbe variiert von weiß bis dunkelgrün, und es gibt auch ganz kleine Arten. Sie sind von zartem Geschmack und können überall da eingesetzt werden, wo wir Zucchini verwenden.

Roly Poly

Die Pflanze sieht aus wie eine kleine Wassermelone, tatsächlich ist es aber eine runde Zucchiniart. Das merkt man daran, daß die Schale dünn und mitzuverwenden ist. Die Kerne sind kräftiger als bei Zucchini und müssen vor dem Garen entfernt werden. Der Geschmack des Fleisches ist angenehm nußartig, und der Roly Poly schmeckt am besten gefüllt und im Ofen gebacken.

Flaschenkürbis

In den Südstaaten von Nordamerika besonders beliebt, und zwar als krummhalsiger und als geradhalsiger Flaschenkürbis. Beide werden verwendet wie Zucchini.

Zucchini

Zucchini sind bei uns mittlerweile so beliebt, daß wir ganz vergessen haben, daß auch sie eine amerikanische Kürbis-Varietät sind. Das zarte, helle und leicht nussig schmeckende Fleisch paßt sich jedem Geschmack an und wird bei uns ebenso in Mischgemüsen wie gegrillt oder geschmort geschätzt. Man sollte darauf achten, keine zu großen Zucchini zu kaufen. Ihr Fruchtfleisch ist wohlschmeckender, wenn es noch fest und jung ist. Zucchini werden auch mit der Blüte verkauft, sogar goldgelbe Früchte sieht man bei uns hin und wieder.

Festschalige Kürbisse

Acorn

Kleiner, interessant geformter Kürbis, der in Farben von Blaugrün bis Weißlich-Gelb auf dem Markt ist. Er schmeckt am besten, wenn man ihn mit Butter und Zimt würzt und im Ofen backt.

Australian Blue

Der verbreiteteste Kürbis in Australien, bei uns daher so gut wie unbekannt. Man verwendet ihn wie Gartenkürbis.

Buttercup

Amerikas Lieblingssorte, rund, fest und außerordentlich aromatisch. Für alle Arten von Zubereitungen geeignet – zum Braten, Grillen, für Füllungen, Kuchen, Puddings und Gemüse.

Butternut

Geformt wie eine Keule, mit festem, aromatischem Fleisch und besonders wenig Kernen. Für jede Art von Zubereitung geeignet.

Kalebasse

Bei uns vor allem in Dritte-Welt-Läden zu finden. In ganz Mittel- und Südamerika und auf den westindischen Inseln populär, wo er ein Grundnahrungsmittel ist. Festes, aromatisches Fleisch. Wird oft in Portionsstücken verkauft.

Acorn

Australian Blue

Buttercup

Butternut

Kalebasse

Delicata

Cucuzza (Schlangenkürbis)

Golden Nugget

Hokkaido

Hubbard

Kabocha

Riesenkürbis

Jack Be Little

Spaghettikürbis

Sweet Dumpling

Türkenturban

Wintermelone

Cucuzza oder Schlangenkürbis

Eine italienische Kürbisvariante von mildem Geschmack. Muß geschält und entkernt werden. Ganz junge Cucuzze allerdings verwendet man im Ganzen wie Zucchini.

Delicata

Diese Sorte findet man bei uns selten, sie wird häufig für einen Zierkürbis gehalten. Er hat ein feines Aroma und schmeckt am besten im Ofen gebacken mit etwas Butter.

Golden Nugget

Ein leuchtend oranger Kürbis mit orangem Fruchtfleisch, den man auch bei uns findet. Besonders gut zum Füllen geeignet.

Hokkaido

Diese robuste und aromatische japanische Züchtung mit leuchtend orangem Fleisch ist besonders gut zum Schmoren und für Ravioli geeignet.

Hubbard

Dieser große, bläulich-weißliche Kürbis ist bei uns praktisch unbekannt. Er hat ziemlich mehliges Fleisch und ist deshalb auch in Amerika nicht besonders populär.

Kabocha

Ein sehr feiner Kürbis mit orangem, aromatischem Fleisch, selten.

Gartenkürbis oder Riesenkürbis

Für uns *der* Kürbis überhaupt, groß bis riesig, aromatisch und schnell wachsend. Die Schale ist entweder glatt, genetzt oder gerippt. Gartenkürbisse müssen geschält und entkernt werden. In der Saison kann man auch Portionsstücke kaufen.

Spaghettikürbis

Eine Kuriosität aus Japan: ein Kürbis, dessen Fleisch nach dem Garen (Kochen oder Backen) in Fasern zerfällt, die man wie Spaghetti mit Tomatensauce oder mit Butter und Käse ißt.

Sweet Dumpling

Auch wenn er aussieht wie ein Zierkürbis: dieser hier ist eßbar, aber bei uns selten zu finden.

Türkenturban

Dieser kurios geformte Kürbis hat zartes, aromatisches Fleisch. Auf Grund seiner Form ist er besonders zum Füllen geeignet.

Wintermelone oder Asiatischer Kürbis

Findet man vor allem in asiatischen Geschäften. Er wird, weil er sehr groß ist, ausschließlich portionsweise verkauft und schmeckt am besten in Suppen.

Zierkürbisse

Sie sind klein, bunt und vielfältig, aber meistens nicht zum Essen geeignet. Man trocknet sie und legt sie zum Schmuck in Obstschalen. Aber es kommt immer wieder vor, daß ein ursprünglich nur zur Zierde gekauftes Kürbchen sich als eßbar erweist.

VORSPEISEN

Vorspeisen sind oft das Beste an einem Menü. Ich könnte mich – wie übrigens viele leidenschaftliche Esser – von Hors d'œuvres ernähren, und gerade mit Kürbissen kann man viele kleine, leckere Gerichte herstellen.

Leichte Sommersuppen und üppige Wintersuppen auf der Basis von Kürbissen gibt es in Hülle und Fülle, und Salate mit Kürbis oder Zucchini sind als leichte, anregende Gerichte im Sommer und im Herbst beliebte Starter.

Zur Gartenparty sind dünne Scheiben von kleinen Patissons mit Ziegenkäse und Tapenade einfach hinreißend. Mini-Patissons füllt man auch gern mit einer würzigen Käsecreme.

Auch fritiert schmeckt Kürbis wunderbar. Und weil er so gesund ist, kann man sich das Fritieren auch ohne weiteres erlauben. Am allerfeinsten aber schmecken knusprig ausgebackene Kürbisblüten!

Kalte Curry-Kürbissuppe mit Tomaten und Avocado

Diese cremige Suppe ist auch heiß serviert eine Delikatesse. Gekühlt kommt der feine Geschmack jedoch besser zur Geltung. Anstelle von Kürbis können auch Zucchini verwendet werden.

2 EL Butter
1 große Gemüsezwiebel, fein gehackt
2 zerdrückte Knoblauchzehen
1 frische Chilischote, entkernt und gehackt
ca. 500 g Kürbis, geputzt und in dicke Scheiben
   geschnitten
1 EL Currypulver
½ TL Kreuzkümmel
¾ l Hühnerbrühe, vorzugsweise hausgemacht
1 Becher Schlagsahne
Salz und frisch gemahlener weißer Pfeffer
   nach Geschmack

Zur Garnierung: gewürfelte Avocado und Tomate

Die Butter in einem Topf bei mittlerer Hitze schmelzen. Zwiebel, Knoblauch und die Chilischote dazugeben und zehn Minuten schmoren. Dann den Kürbis, Currypulver, Kümmel und Brühe dazugeben, gut durchrühren und zum Kochen bringen. Anschließend alles bei schwacher Hitze im offenen Topf etwa 30 Minuten leise kochen lassen, bis der Kürbis weich ist.
Etwas abkühlen lassen und portionsweise mit der Küchenmaschine pürieren. Das Püree wieder in den Topf geben und die Sahne unterrühren. Dabei die Suppe vorsichtig erhitzen, aber nicht mehr kochen lassen. In eine Schüssel gießen und zugedeckt kalt stellen,
Vor dem Servieren mit Salz und Pfeffer abschmecken, in Suppenschalen füllen und mit Avocado- und Tomatenwürfeln garnieren.

Für 6 Personen

Kürbiscremesuppe

Diese Suppe beweist, daß auch die Zubereitung eines besonders leckeren Gerichts nicht Stunden in Anspruch nehmen muß.

Eine Handvoll Pecan-Nüsse als Garnierung
4 EL Butter
2 mittelgroße Porreestangen (nur die weißen Teile),
   gewaschen und grob geschnitten
3 Stangen Sellerie mit Blättern, grob geschnitten
2 mittelgroße Möhren, gewürfelt
1 Stückchen Ingwer (2–3 cm), geschält und
   grob gewürfelt
1 mittelgroße Chilischote, entkernt und
   grob gewürfelt
1 kg Kürbis, geschält, entkernt und grob gewürfelt
1 l Hühnerbrühe, vorzugsweise hausgemacht
⅛ l Schlagsahne
Salz und frisch gemahlener weißer Pfeffer
   nach Geschmack

Backofen auf 180 Grad C vorheizen.
Die Pecan-Nüsse auf dem Backblech im Ofen 5 Minuten rösten. Etwas abkühlen lassen, fein hacken und beiseite stellen.
Die Butter bei mittlerer Hitze in einem Topf zerlassen. Porree, Sellerie, Möhren, Ingwer und Chilis darin 15 Minuten schmoren. Kürbis und Brühe dazugeben und das Ganze zum Kochen bringen. Temperatur reduzieren und bei schwacher bis mäßiger Hitze 20 bis 30 Minuten garen, bis alle Gemüse weich sind.
Etwas abkühlen lassen und mit dem Pürierstab oder der Küchenmaschine pürieren. Das Püree in den Topf zurückgeben und die Sahne unterrühren. Erhitzen, jedoch nicht kochen lassen. Mit Salz und Pfeffer abschmecken. In Portionsteller füllen, mit den gehackten Pecan-Nüssen garnieren und servieren.

Für 6 bis 8 Personen

Sommerliche Kürbis-Mais-Suppe

Ich liebe zwar Suppen mit Meeresfrüchten, mag aber sandige Muscheln nicht allzu gern.
Daher habe ich diese hochsommerliche Kombination aus knackigen Zucchini und gelbem Kürbis
mit Zuckermais und Forellenfiletstücken erfunden. Die Zutaten mögen zwar wenig traditionell sein,
der Geschmack ist dennoch klassisch.

6 Scheiben geräucherter Frühstücksspeck
1 kleine Zwiebel, gewürfelt
1 kleine rote Paprikaschote, geputzt, entkernt
   und gewürfelt
3 Maiskolben
¼ l Wasser
½ l Milch
1 TL getrockneter Thymian, im Mörser zerkleinert
1 Schuß Chilisauce
4 kleine Zucchini, geputzt und gewürfelt

2 kleine Squashs, geputzt und in Würfel
   von 1 cm Seitenlänge geschnitten, wahlweise
   300 g Kürbis
gut ⅛ l Schlagsahne
2 kleine geräucherte Forellenfilets, gehäutet, sorgfältig
   entgrätet und zerpflückt
½ TL Worcestershiresauce
Salz und frisch gemahlener schwarzer Pfeffer
   nach Geschmack

In einem Suppentopf den Speck 5 bis 10 Minuten bei niedriger Hitze anbraten, bis er knusprig ist. Danach auf Küchenkrepp abtropfen lassen. Bis auf etwa einen Eßlöffel das Fett abgießen und darin Zwiebel und Paprikaschote bei mäßiger Hitze etwa 10 Minuten schmoren, bis sie weich sind. Mit einem scharfen Messer die Maiskörner vom Kolben streifen und zusammen mit Wasser, Milch, Thymian und Chilisauce in den Topf geben. Bei mäßiger Hitze ohne Deckel 10 Minuten kochen lassen, bis der Mais anfängt, weich zu werden.

Nun die Zucchini und den Kürbis dazugeben und das Ganze weitere 20 Minuten, eventuell länger, kochen, bis alle Gemüse gar sind.
Nun werden die Sahne, die zerpflückten Forellenfilets und die Worcestershiresauce hinzugefügt und die Suppe erhitzt, ohne daß sie zum Kochen kommt. Mit Salz und Pfeffer abschmecken.

Für 4 Personen

Karamelisierte Kürbis-Zwiebelsuppe

*Diese Variante der klassischen Kürbissuppe ist etwas aufwendiger zuzubereiten, schmeckt aber auch
nuancenreicher als eine traditionelle Kürbissuppe. Obwohl keine Sahne verwendet wird,
ist sie cremig und läßt sich besonders reizvoll in einem ausgehöhlten Kürbis servieren,
zum Beispiel in einem Winterkürbis oder einem Türkenturban.*

*1,5 kg Kürbis, außerdem die Schale eines Türken-
   turbans oder Hokkaido-Kürbisses zum Füllen
1 TL plus 3 EL kaltgepreßtes Olivenöl
2 große Zwiebeln, in sehr dünne Scheiben
   geschnitten
2 Möhren, in feine Streifen geschnitten
1 TL Zucker*

*1 TL Salbeiblättchen
1 l Hühnerbrühe, vorzugsweise hausgemacht
Salz und frisch gemahlener weißer Pfeffer
   nach Geschmack
150 g geräuchertes Truthahnfleisch, in feine Streifen
   geschnitten
100 g geriebener Greyerzer*

Backofen auf 180 Grad C vorheizen.
Den Kürbis halbieren und die Kerne entfernen.
Die Schnittflächen dünn mit Olivenöl bepinseln und die Hälften mit der Schnittfläche nach
unten in eine ofenfeste Glasform legen. Etwa
eine Stunde im Herd backen, bis das Fruchtfleisch sehr weich ist und an den Schnittflächen
karamelisiert. Die Kürbishälften etwas abkühlen lassen und das Fruchtfleisch auskratzen.
Während der Kürbis im Ofen ist, 3 EL Öl in
einem großen Topf bei mittlerer Temperatur
erhitzen. Zwiebeln und Möhren dazugeben
und unter häufigem Rühren circa 15 Minuten
dünsten, bis sie weich sind. Das Gemüse mit
Zucker bestreuen und unter Rühren noch wei-

tere 10 bis 15 Minuten weitergaren, bis es braun
und karamelisiert ist.
Brühe, Kürbismasse und Salbei dazugeben und
das Ganze zum Kochen bringen. Etwas abkühlen lassen und mit einem Pürierstab oder in
der Küchenmaschine pürieren. Das Püree in
den Topf zurückgeben und vorsichtig erhitzen,
ohne es kochen zu lassen.

Mit Salz und Pfeffer abschmecken und in Por-
tionsschalen oder in ausgehöhlte Kürbisschalen
füllen. Mit Truthahnstreifen und Greyerzer
garnieren.

Für 4 bis 6 Personen

Fritierte Zucchiniblüten

Zucchiniblüten sind typische Vorboten des Sommers, der einzigen Jahreszeit, in der man sich an diesen kurzlebigen, zarten Blüten erfreuen kann. Hat man keinen Garten oder gut bestückten Markt in der Nähe, kann man anstelle der Blüten auch dünne Zucchinischeiben fritieren.

⅛ l Milch
1 großes Ei, getrennt
75 g Mehl
¼ TL Salz
¼ TL Muskatblüte (Macis)
2–3 Prisen Cayennepfeffer

1 EL Pflanzenöl, zusätzlich mindestens 1 l Öl
    zum Fritieren
1 Knoblauchzehe, gehackt
circa 3 Dutzend Zucchiniblüten
Pikante Chilisauce

In einer mittelgroßen Schüssel Milch und Eigelb verquirlen. Mehl, Salz, Muskat, Cayennepfeffer, 1 Eßlöffel Öl und den Knoblauch dazugeben und alles gut verrühren.

In einer kleineren Schüssel das Eiweiß nicht ganz steif schlagen, unter den Teig ziehen und beiseite stellen.

Einen schweren, tiefen Topf knapp eine Handbreit hoch mit Öl füllen und auf 180 Grad C (Fritierthermometer) erhitzen. Die Zucchiniblüten einzeln in den Teig tauchen, bis sie gut bedeckt sind, und ins heiße Öl geben. Nicht zu viele Blüten auf einmal fritieren. Unter einmaligem Wenden auf jeder Seite 3 bis 5 Minuten fritieren, bis sie goldbraun sind. Mit dem Schaumlöffel herausheben und kurz auf Küchenkrepp abtropfen lassen. Heiß mit reichlich Chilisauce als Dip servieren.

Für circa 3 Dutzend Blüten.

Baby-Kürbisse mit Schnittlauch und Käse

Diese leckere Vorspeise aus Kürbis und Blauschimmelkäse stammt aus Iowa. Der markante Geschmack des Käses verbindet sich ideal mit dem nussigen Aroma der jungen Kürbisse.

8 weichschalige kleine Kürbisse (z.B. Patisson, ersatzweise grüne oder gelbe Zucchini, nicht länger als 8–10 cm)
100 g weicher Frischkäse

100 g weicher, milder Blauschimmelkäse
1 TL Schnittlauchröllchen sowie einige Schnittlauchhalme zum Garnieren
1–2 Spritzer Tabasco

In einem großen Kochtopf Wasser zum Kochen bringen. Die Kürbisse hineingeben und 1 Minute kochen lassen. Anschließend kurz abtropfen lassen und in Eiswasser legen, um den Garvorgang zu beenden. Wieder abtropfen lassen und gründlich mit Küchenkrepp abtrocknen. Die Enden abschneiden und die Kürbisse halbieren. Mit einem Kugelausstecher oder einem Teelöffel die Hälften bis auf einen gut 3 mm dicken Rand aushöhlen. Nun die Hälften mit der Schnittfläche nach unten auf Küchenkrepp legen, bis alle Feuchtigkeit abgetropft ist. (Das herausgekratzte Innere kann für eine andere Verwendung aufbewahrt werden.)

In einer Schüssel den Frischkäse und den Blauschimmelkäse mit einem Holzlöffel zu einer weichen Masse verrühren. Nach Belieben Schnittlauchröllchen und Chilisauce unterrühren. Mit einem kleinen Spatel die Käsemischung in die ausgehöhlten Kürbishälften geben, die Hälften auf einem Teller anrichten und mit den Schnittlauchhalmen garnieren. Abdecken und bis zum Servieren kalt stellen.

Für 4 bis 6 Personen

Kürbis-Stockfisch-Fritters

An fast allen Stränden von Barbados gibt es Variationen dieser leckeren Fisch-Kürbis-Fritters.
Sie sind ideal als Cocktailhappen, besonders in Verbindung mit der scharfen karibischen Chilisauce.
Allerdings ist der Umgang mit Stockfisch gewöhnungsbedürftig.

500 g grätenfreier Stockfisch
150 g Mehl
1 TL Backpulver
1 großes Ei, verquirlt
⅛ l Milch
2 EL Pflanzenöl, zusätzlich mindestens 1 l Öl
   zum Fritieren

250 g geraspeltes Kürbisfleisch
4 Frühlingszwiebeln, nur das grüne Ende,
   fein gehackt
1 Knoblauchzehe, gehackt
1 frische Chilischote, entkernt und fein gewürfelt

Den Stockfisch in einer Glasschüssel mit kaltem Wasser bedecken und mindestens 8 Stunden im Kühlschrank stehenlassen. Dabei mindestens dreimal das Wasser wechseln. Anschließend den Fisch gut abtropfen lassen, in einen flachen Topf legen und mit kochendem Wasser bedecken. Abgedeckt 20 Minuten einweichen, bis der Fisch weich ist. Abgießen und abkühlen lassen, anschließend ziemlich klein zerpflücken.

In einer mittelgroßen Schüssel Mehl und Backpulver vermengen. Dann in eine Vertiefung im Mehl das Ei, die Milch und 2 EL Öl geben. Mit einem Holzlöffel nach und nach das Mehl und die flüssigen Zutaten vermengen, so daß eine glatte Masse entsteht. Dann Stockfisch, Kürbis, Zwiebeln, Knoblauch und Chili dazugeben und alles gut vermischen.

Einen schweren Bräter 7 bis 8 cm hoch mit Öl füllen und auf 180 Grad C (Fritierthermometer) erhitzen. Den Teig teelöffelweise ins heiße Öl geben und 4 bis 5 Minuten fritieren, bis er kroß und goldbraun ist. Mit dem Schaumlöffel herausheben, kurz auf Küchenkrepp abtropfen lassen und heiß servieren.

Ergibt circa 48 Stück

Pikante Zucchini-Käse-Küchlein

In französischen Madeleineförmchen läßt sich aus einer quicheartigen Füllung eine pikante Vorspeise herstellen –
außen knusprig, innen weich. Wer keine Muschelförmchen besitzt, kann auch Tortelettförmchen verwenden,
dann beträgt die Backzeit circa 15 Minuten.

2 große Eier
2 EL Crème fraîche
2 TL grobkörniger Senf
2 EL zerlassene Butter
3 Knoblauchzehen, zerdrückt
1 ½ TL getrocknetes Basilikum
1 TL Salz
¼ TL frisch gemahlener schwarzer Pfeffer
1 Prise Cayennepfeffer

150 g Mehl
½ TL Backpulver
30 g grobes Maismehl
750 g grob geraspelte Zucchini oder Patisson
    (entspricht etwa drei mittelgroßen Früchten)
1 kleine Zwiebel, fein gewürfelt
1 rote Paprikaschote, entkernt und fein gewürfelt
150 g geriebener Greyerzer oder Jarlsberg

Backofen auf 220 Grad C vorheizen. Muschelförmchen einfetten und beiseite stellen. (Sind nicht genügend Formen vorhanden, muß portionsweise vorgegangen werden. Die Formen jedoch jeweils vor dem Nachfüllen wieder abkühlen lassen).
Eier, Crème fraîche, Senf, zerlassene Butter, Knoblauch, Basilikum, Salz und schwarzen sowie Cayennepfeffer in eine große Schüssel geben und gut vermengen. Dann Mehl, Backpulver und Maismehl unterrühren. Schließlich die

Zucchini, Zwiebel, Paprika und den Käse dazugeben und nochmals sorgfältig mischen. Die Masse in die vorbereiteten Muschelförmchen füllen.
20 Minuten im Ofen backen, bis der Teig aufgegangen und goldbraun ist (in der Mitte bleibt er weich). Die Formen stürzen und die Küchlein entweder warm servieren oder auf einem Gitter abkühlen lassen.

Ergibt circa 36 Küchlein

Kürbis-Crostini mit Ziegenkäse und Tomaten-Tapenade

*Bei dem preisgünstigen und vielfältigen Kürbisangebot im Sommer kann man das Geld für Cräcker sparen.
Dünne, knackige Scheiben von kleinen, weichschaligen Kürbissen bilden die ideale Unterlage für Ziegenkäse
mit einer pikanten Tapenade. Anstelle von Kürbis kann man auch Zucchini verwenden.*

4 EL getrocknete Tomaten (nicht in Öl eingelegt)
100 g milde Oliven ohne Stein
4 EL fein gehacktes frisches Basilikum oder
    Petersilie
½ TL Worcestershiresoße
1 TL Sardellenpaste
2 EL kaltgepreßtes Olivenöl
1 Knoblauchzehe, gehackt

Salz und frisch gemahlener schwarzer Pfeffer
    nach Geschmack
4–6 mittelgroße weichschalige Kürbisse oder Zucchini
100 g milder, weicher Ziegenkäse
2 EL Schlagsahne

*Zum Garnieren: gehackte frische Petersilie
oder Basilikum*

Die getrockneten Tomaten in eine kleine Schüssel geben und mit kochendem Wasser bedecken. Etwa 15 Minuten stehenlassen, bis sie weich sind. Danach gut abtropfen lassen und zusammen mit Oliven, Basilikum, Worcestershiresoße, Sardellenpaste und Öl in der Küchenmaschine zu einer glatten Masse verarbeiten. Den Knoblauch unterrühren, mit Salz und Pfeffer abschmecken und beiseite stellen.
Die Enden der Kürbisse abschneiden, Kürbisse in etwa 6 mm dicke Scheiben schneiden. Den

Käse in eine kleine Schüssel geben, die Sahne hinzufügen und zu einer streichfähigen Masse verrühren. Etwas Käse auf die Kürbisscheiben streichen und einen Teelöffel Tomaten-Tapenade daraufgeben. Mit gehacktem Basilikum oder Petersilie garnieren und servieren.

Ergibt circa 40 Crostini

Salat aus gegrillten Zucchini mit Paprika und Mozzarella

Aus einfachen Zucchini wird, wenn sie geröstet werden, ein edler Gaumenschmaus, besonders bei der Verwendung in einem Salat. Dieser Salat eignet sich als vollwertiges Sommeressen ebenso wie als verlockende Vorspeise.

2 mittelgroße rote Paprikaschoten
4 mittelgroße grüne Zucchini
4 mittelgroße gelbe Zucchini
1 große rote Zwiebel, halbiert und in dicke Scheiben geschnitten
3 EL kaltgepreßtes Olivenöl
1 TL grobes Meersalz

$^1/_8$ TL frisch gemahlener schwarzer Pfeffer
1 kleiner Kopf Lollo rosso, in Blätter zerpflückt, gewaschen und getrocknet
125 g Mozzarella, möglichst frisch
$^1/_4$ Tasse halbierte, entsteinte kleine Oliven
2 EL Balsamessig
8 frische Basilikumblätter

Den Grill vorheizen.
Die Paprikaschoten auf einem Backblech unter den Grill schieben und unter häufigem Wenden von allen Seiten grillen, bis die Haut leicht verkohlt ist und Blasen wirft. (Wie lange dies dauert, hängt von der Dicke der Paprikaschoten und der Grilltemperatur ab; man sollte mit 15 bis 25 Minuten rechnen). Die Schoten abkühlen lassen, die Haut abziehen, das Innere und die Kerne entfernen. In etwa 2 cm breite und 5 bis 10 cm lange Streifen schneiden und beiseite stellen. Den Backofen auf 225 Grad C einstellen.
Die Enden der Zucchini abschneiden, das Gemüse halbieren und die Hälften der Länge nach in Scheiben schneiden. Zusammen mit den Zwiebelscheiben und einem Eßlöffel Öl in eine große Schüssel geben, salzen und pfeffern

Dann per Hand gut mischen, bis alle Zutaten gleichmäßig eingeölt sind. In einer Lage auf ein Backblech verteilen, in den Ofen schieben und unter gelegentlichem Wenden 15 bis 20 Minuten backen, bis alle Gemüse weich sind. Etwas abkühlen lassen.
Eine flache Platte oder Schale mit den Salatblättern auslegen. Den Mozzarella in etwa ebenso große Streifen schneiden wie die Paprikaschote und zusammen mit den Paprikastreifen, den Zwiebelscheiben und den Zucchini auf dem Salatbett anrichten und Oliven darüberstreuen. Mit den restlichen 2 EL Öl und dem Essig beträufeln. Basilikumblätter stapeln, in dünne Streifen schneiden, über den Salat streuen und servieren.

Für 4 Personen

Kürbis-Mais-Muffins

Diese saftigen, mürben Muffins sind leicht zuzubereiten. Man reicht sie zu Suppen, zum Brunch oder – heiß mit Butter – als Snack zwischendurch. Sollen sie als Vorspeise zu Drinks serviert werden, kann man eine Handvoll fein gewürfelten Schinken in den Teig geben und sie circa 20 Minuten in kleinen Blechförmchen backen.

350 g grobkörniges Maismehl
75 g Mehl
2 TL Backpulver
1 TL Salz
1 TL gehackter frischer Salbei
1 TL gehackter frischer Rosmarin

1 kleine Zwiebel, gewürfelt
2 große Eier
1 Becher Saure Sahne oder Joghurt
4 EL zerlassene Butter
250 g gegartes Kürbispüree

Den Backofen auf 220 Grad C vorheizen. Eine zwölfer Muffinform (Form mit 12 Vertiefungen, ersatzweise Papierförmchen für Muffins) buttern und beiseite stellen.

In einer großen Schüssel Maismehl, Mehl, Backpulver, Salz, Salbei und Rosmarin vermengen, die Zwiebel daruntermischen und beiseite stellen.

In einer zweiten Schüssel die Eier leicht verquirlen. Saure Sahne und zerlassene Butter daruntermischen. Mit dem Kürbis zu einer glatten Masse verrühren.

Die Kürbismasse in die Maismehlmischung geben und das Ganze sorgfältig vermengen (wenn die Masse zu fest ist, etwas mehr Saure Sahne zugeben). Dann mit einem Löffel die vorbereiteten Vertiefungen der Muffinform jeweils zu ⅔ füllen. In 25 bis 30 Minuten goldbraun backen. Ein in die Mitte gesteckter Zahnstocher muß sich sauber herausziehen lassen. Kurz abkühlen lassen, aus der Form stürzen und heiß servieren.

Ergibt 1 Dutzend Muffins

Zucchini-Teigtaschen

Zucchini und Basilikum ergänzen sich hervorragend, und bei dieser kleinen Vorspeise
wird die wunderbare Kombination noch durch Knoblauch und Fontina-Käse verstärkt.
In Süddeutschland und Österreich kann man für dieses Rezept auch fertigen Strudelteig verwenden.

2 große Bund frisches Basilikum
75 g Walnüsse
6 EL kaltgepreßtes Olivenöl
3 Knoblauchzehen, fein gehackt
1 Schuß Tabasco
150 g geriebener Fontina-Käse

500 g grob geraffelte Zucchini
Salz und frisch gemahlener schwarzer Pfeffer
nach Geschmack
8 Blätter Phyllo-Teig (gibt's in türkischen und
griechischen Läden)
8 EL zerlassene Butter

Den Backofen auf 200 Grad C vorheizen. 1 oder 2 Backbleche einfetten.

Mit der Küchenmaschine Basilikum, Walnüsse und Olivenöl zu einer einigermaßen glatten Masse verarbeiten und anschließend mit Knoblauch und Tabasco vermischen. Den Fontina und die Zucchini dazugeben und alles gut vermengen. Mit Salz und Pfeffer abschmecken.

Die Arbeitsfläche fetten und eine Lage Phyllo-Teig der Länge nach ausbreiten. Die anderen Lagen lose mit einem leicht angefeuchteten Küchentuch abdecken. Den Teig mit zerlassener Butter bepinseln und einmal falten. Mit einem scharfen Messer den Teig quer in fünf circa 4 cm breite Streifen schneiden. 1 ½ TL Zucchinimischung auf die untere rechte Ecke eines jeden Streifens geben und diagonal falten, so daß ein Dreieck entsteht. Dreieck wieder diagonal falten und so fortfahren, bis der Teig aufgewickelt ist und man eine dreieckige Teigtasche hat. Auf das vorbereitete Backblech legen. Mit dem restlichen Teig und der Füllung ebenso verfahren.

Im Ofen 20 bis 25 Minuten goldbraun backen. Warm servieren.

Ergibt etwa 40 Teigtaschen

BEILAGEN

Kürbisse sind Chamäleons der Küche. Man kann sie backen oder braten, pürieren oder schmoren, und sie nehmen den Geschmack all der Zutaten an und auf, mit denen man sie kombinieren möchte.

Man kann in beinahe jedem Rezept eine Kürbissorte durch eine andere ersetzen, aber sie haben doch alle ihren unverkennbaren Eigengeschmack. Chayote zum Beispiel ist so zart, daß er am besten gedämpft wird, während Zucchini besser gebacken oder gegrillt werden. Und Delicata schmeckt am besten, wenn er mit Butter im Ofen gebacken wird. Und wenn Sie eine Sorte noch nie probiert haben, dann sollten Sie beim ersten Mal die einfachste Zubereitungsart wählen. Schmoren oder braten Sie einige Stücke einfach in Butter: So erschließen Sie sich das spezielle Aroma jeder Sorte am besten.

Gebackene Zucchini mit Parmesankruste

Üblicherweise werden Zucchini in reichlich Öl fritiert. Wenn man sie jedoch paniert und im Ofen backt, werden sie weniger fettig und sehr viel aromatischer. Man kann sie heiß als Beilage servieren oder lauwarm als Vorspeise. Auch andere Kürbisarten – in Stifte oder Scheiben geschnitten – können auf diese Art zubereitet werden.

1 EL kaltgepreßtes Olivenöl
8 EL Semmelbrösel
50 g geriebener Parmesan
½ TL zerkleinerter, getrockneter Rosmarin
2–3 Prisen Cayennepfeffer

½ TL Salz
¼ TL frisch gemahlener schwarzer Pfeffer
1 großes Ei
4 kleine Zucchini

Backofen auf 200 Grad C vorheizen. Ein Backblech leicht einölen und beiseite stellen.

In einem tiefen Teller Semmelbrösel, Parmesan, Rosmarin, Cayennepfeffer, Salz und schwarzen Pfeffer gut vermischen. In einem zweiten Teller das Ei leicht verquirlen.

Die Zucchini putzen und der Länge nach halbieren. Die Hälften auf die Schnittflächen legen und nochmals der Länge nach halbieren. Die entstandenen Streifen quer halbieren. Die einzelnen Teile zunächst im Ei und dann in der Parmesanmischung wälzen, bis sie rundherum mit der Panierung überzogen sind, und mit genügend Abstand auf das Backblech legen. Bei einmaligem Wenden 5 bis 7 Minuten auf jeder Seite backen, bis die Kruste knusprig und leicht gebräunt ist. Heiß oder lauwarm servieren.

Für 4 Personen

Kürbissoufflé aus den Südstaaten

Dieser Klassiker aus Georgia ist trotz seiner reichhaltigen Zutaten leicht und locker. Die Zubereitung ist weniger kompliziert als beim normalen Soufflé, dafür geht es auch nicht so hoch auf. Das fertige Gericht ist eher eine Art Auflauf. In den Südstaaten wird das Soufflé mit Flaschenkürbis zubereitet, er kann aber problemlos durch Gartenkürbis ersetzt werden.

circa 1 kg Kürbisfleisch, geputzt und in dünne Scheiben geschnitten
¼ l Schlagssahne
2 große Eier, verquirlt

½ TL Salz
¼ TL frisch gemahlener weißer Pfeffer
⅛ TL gemahlene Muskatblüten (Macis)
50 g geriebener, pikanter Käse

Den Backofen auf 175 Grad C vorheizen. Eine mittelgroße, ofenfeste Form buttern.

In einem Dämpfer Wasser zum Kochen bringen. Die Kürbisscheiben auf das Dämpfersieb geben und zugedeckt etwa 15 Minuten dämpfen, bis sie ganz weich sind.

Im Durchschlag abtropfen lassen und in eine große Schüssel geben. Mit dem Kartoffelstampfer grob zerstampfen, Sahne und Eier unterrühren und mit Salz, Peffer und Muskat abschmekken. In die vorbereitete Form geben und mit Käse bestreuen.

Etwa 25 Minuten im Ofen backen und sofort servieren.

Für 4 bis 6 Personen

Zucchini-Tomaten-Gratin mit Basilikum

*Diese hochsommerliche Beilage läßt sich leicht zusammenstellen und ist gleichermaßen ein Augen-
und Gaumenschmaus. Sie paßt zu allem, von gegrilltem Steak bis zu Kartoffelsalat.
Es können auch andere Kräuter verwendet werden, z.B. Korianderblätter
oder Rosmarin.*

2 mittelgroße Zucchini von etwa 4 cm Durchmesser
6 reife runde Tomaten
6 große Basilikumblätter
1 große Knoblauchzehe, halbiert

3 TL kaltgepreßtes Olivenöl
*Salz und frisch gemahlener schwarzer Pfeffer
    nach Geschmack*
4 EL geriebener Parmesan

Backofen auf 175 Grad C vorheizen.
Von den Zucchini die Enden abschneiden, Zucchini in gut ½ cm dicke Scheiben schneiden. Die Tomaten ebenfalls in gut ½ cm dicke Scheiben schneiden. Basilikumblätter stapeln und in etwa ½ cm breite Streifen schneiden. Beiseite stellen.
Eine feuerfeste, flache Form von etwa 25 cm Seitenlänge mit dem Knoblauch ausreiben und mit 1 TL Öl einfetten. Die Zucchini und Toma-tenscheiben in einer Lage ziegelartig in die Form schichten und mit Salz und Pfeffer würzen. Die Basilikumstreifen darauflegen, und über allem die verbleibenden 2 TL Öl verteilen. Zuletzt mit geriebenem Parmesan bestreuen. Im Ofen 20 Minuten backen, bis die Zucchini gar sind. Heiß oder lauwarm servieren.

Für 4 Personen

Gegrillter Kürbis mit Kräutern

Gegrillter Kürbis ist eine Bereicherung für jedes sommerliche Menu. Der leicht rauchige Geschmack macht ihn unwiderstehlich, nicht nur als Beilage zu Grillgerichten, sondern auch als Vorspeise. Er kann auch mit etwas Ziegenkäse bestrichen werden.

6 mittelgroße weichschalige Kürbisse (Squash, Acorn, notfalls Zucchini)
2 EL kaltgepreßtes Olivenöl
2 Knoblauchzehen, fein gehackt
1 TL grobes Meersalz

¼ TL frisch gemahlener schwarzer Pfeffer
1 EL grob gehackte, gemischte Kräuter (z.B. Basilikum, Rosmarin, Dill und/oder Petersilie)

Holzkohlen- oder anderen Grill vorheizen. Den Kürbis putzen und der Länge nach in 12 bis 14 mm dicke Scheiben schneiden. (Squash wird horizontal geschnitten) Zusammen mit Öl und Knoblauch in eine große flache Schale geben. Mit Salz und Pfeffer würzen und mischen, bis sämtliche Kürbisscheiben rundherum mit Öl überzogen sind.

Die Kürbisscheiben portionsweise auf den Grill legen und mit Alufolie zugedeckt bei einmaligem Werden auf jeder Seite 3 bis 5 Minuten garen, bis sie weich sind. Die Scheiben auf einer Platte anrichten und mit den Kräutern bestreuen.

Für 4 Personen

Yellow Velvet

Gelber Samt, so nennen die Shaker dieses alte Rezept.
Es ist eine köstliche Mischung aus Kürbis und
Mais und paßt vorzüglich zu gegrilltem Fisch,
Brathähnchen und Schweinebraten.

3 Maiskolben
⅛ l Hühnerbrühe, vorzugsweise selbstgemacht
etwa 750 g Kürbisfleisch
1 Becher Crème fraîche
1 TL Schnittlauchröllchen
Salz und frisch gemahlener weißer Pfeffer
nach Geschmack

In einem Dämpfer Wasser zum Kochen bringen. Die Maiskolben auf das Sieb des Dämpfers
legen und zugedeckt 5 bis 10 Minuten dämpfen, bis sie weich sind. Abkühlen lassen, dann
mit einem scharfen Messer die Maiskörner von
den Kolben lösen, mit der Hühnerbrühe in
einen Topf geben und beiseite stellen.
Kürbis in Stücke schneiden und in den Topf
zum Mais geben. Etwa 10 Minuten bei mittlerer Hitze kochen, bis der Kürbis weich ist.
Den Deckel abnehmen und bei stärkerer Hitze
noch etwa 5 Minuten weiterkochen, bis die
Flüssigkeit verdampft ist. Die Sahne dazugeben
und unter gelegentlichem Rühren weitere
5 Minuten kochen, bis die Sahne einzudicken
beginnt.
Den Schnittlauch unterrühren, mit Salz und
Pfeffer abschmecken und gleich servieren.

Für 4 Personen

Gedämpfter Kürbis in Koriander-Sahne

Dieses Gericht macht man am besten aus Chayote-
Kürbis. Er hat von allen Kürbisarten den subtilsten
Geschmack und paßt gut zu Sahne und dem Aroma
von Korianderblättern. Der blaßgrüne Kürbis schmeckt
al dente am besten, man muß also aufpassen, daß
er nicht verkocht. Anstelle von Chayote kann man
auch Zucchini oder Squash verwenden, deren
Geschmack allerdings nicht so delikat ist.

2 mittelgroße Chayote-Kürbisse (ersatzweise Squash
oder große Zucchini)
1 Becher Crème fraîche
1 Knoblauchzehe, zerdrückt
¼ TL Cayennepfeffer
2 EL grob gehackte frische Korianderblätter
Salz und frisch gemahlener weißer Pfeffer
nach Geschmack

Die Kürbisse der Länge nach halbieren und
schälen. Anschließend in mittelgroße Würfel
schneiden. Wasser in einem Dämpfer zum Kochen bringen, und den Kürbis zugedeckt 10 bis
15 Minuten dämpfen, bis er zart ist, aber noch
Biß hat.
Inzwischen Crème fraîche, Knoblauch und
Cayenne in einen kleinen Topf geben und bei
mittlerer Hitze etwa 10 Minuten kochen lassen,
bis die Sahne eingedickt und auf die Hälfte
reduziert ist. Den Knoblauch herausnehmen
und wegwerfen.
Den gekochten Kürbis in eine Schüssel geben
und die Sahnemischung darübergießen. Die
Korianderblätter dazugeben und alles vorsichtig durchschütteln, bis es von der Sahnemischung überzogen ist. Mit Salz und Pfeffer abschmecken und sofort servieren.

Für 4 Personen

Kürbis-Remoulade

Remoulade ist die traditionelle Sauce der Franzosen und Kreolen zu Sellerieknollen und Garnelen, aber ich finde, sie harmoniert noch besser mit fein gestifteltem Kürbis.

⅓ Tasse Mayonnaise
1 EL grobkörniger Senf
1 TL Sardellenpaste (wahlweise)
4 Cornichons oder sehr kleine Gewürzgurken, fein gewürfelt
1 EL abgetropfte Kapern, grob gehackt
1 EL Schnittlauch, in Röllchen geschnitten
2 TL frisch gehackte Petersilie
1–2 Spritzer Tabasco
etwa 1 kg weichschaliger Kürbis (Squash, Roly Poly), in circa 6 mm starke, streichholzlange Stifte geschnitten
1 mittelgroße Zucchini, in circa 6 mm starke, streichholzlange Stifte geschnitten
Salz und frisch gemahlener schwarzer Pfeffer nach Geschmack
Salatblätter zum Anrichten

Die Mayonnaise, den Senf und – falls gewünscht – die Sardellenpaste – in eine mittelgroße Schüssel geben und gut verrühren. Cornichons, Kapern, Schnittlauch, Petersilie und Tabasco unterrühren. Alles gut vermischen.
Die Kürbis- und Zucchinistifte in eine große Schüssel geben und mit der Mayonnaisemischung gut durchschütteln, bis sie rundum überzogen sind. Mit Salz und Pfeffer abschmecken und zum Durchziehen mindestens 1 Stunde abgedeckt in den Kühlschrank stellen.
In einer flachen, mit Salatblättern ausgelegten Schale servieren.

Für 4 Personen

Gebratener Kürbis mit Chili und Limonenbutter

Ideal für dieses Rezept ist der kleine, aromatische Delicata-Kürbis. Man kann aber auch einen anderen kleinen, festschaligen Kürbis verwenden. Der Geschmack des Kürbis' hat eine Veredelung eigentlich nicht nötig, aber eine Spur Butter, Chilipulver und Limonensaft bringen den zarten Geschmack noch besser zur Geltung.

2 kleine Kürbisse (à circa 350 g)
3 EL Butter
1 EL frisch gepreßter Limettensaft
½ TL Cayennepfeffer
Salz und frisch gemahlener schwarzer Pfeffer nach Geschmack

Den Backofen auf 175 Grad C vorheizen.
Den Kürbis der Länge nach halbieren und die Kerne herauskratzen. Mit der Schnittfläche nach unten in eine feuerfeste Form legen und den Boden 6 mm hoch mit Wasser bedecken. Etwa 20 Minuten backen; der Kürbis soll weich, aber nicht matschig sein.
In einer kleinen Schüssel Butter, Limonensaft und Cayennepfeffer gut vermengen und mit Salz und Pfeffer abschmecken. Die Buttermischung in die Vertiefungen der Kürbishälften geben und heiß servieren.

Für 4 Personen

Kleine Kürbisse mit Spinat-Käse Füllung

Diese farbenfrohen gefüllten Kürbisse sind als Beilage gedacht, können aber auch zum Brunch oder als leichtes Mittagessen serviert werden. Spinat, Käse und Shiitake-Pilze bilden einen reizvollen Kontrast zum nußartigen Kürbisgeschmack. Die gleiche Füllung paßt auch zu großen Zucchini oder Acorn.

4 kleine Kürbisse (Squash, Patisson) von 8–10 cm
    Durchmesser
2 TL Butter
1 EL kaltgepreßtes Olivenöl
6 Shiitake-Pilze oder Champignons, entstielt
    und fein gehackt
2 Schalotten, fein gehackt
1 Knoblauchzehe, fein gehackt

1 TL Sojasauce
100 g Spinat, gewaschen und fein gehackt
frisch geriebene Muskatnuß
1 Prise Cayennepfeffer
Salz und frisch gemahlener schwarzer Pfeffer
    nach Geschmack
1 großes Ei, leicht verquirlt
75 g Greyerzer oder anderer Schweizer Käse

Backofen auf 200 Grad C vorheizen.

Wasser in einem großen Topf zum Kochen bringen. Kürbisse ins Wasser geben und 5 Minuten kochen. Gut abtropfen und abkühlen lassen. Den Boden der Kürbisse geradeschneiden, damit man sie aufrecht hinstellen kann. Von der Oberseite eine etwa 1–1,5 cm dicke Scheibe abschneiden und den Kürbis aushöhlen, so daß nur eine dünne Schale übrigbleibt. (Das Innere kann für ein anderes Gericht verwendet oder weggetan werden.)

In einem Stieltopf bei mittlerer Hitze die Butter mit dem Öl erhitzen, Pilze, Schalotten und Knoblauch dazugeben und circa 10 Minuten dünsten, bis sie weich sind. Die Sojasauce und den Spinat unterrühren. Die Hitze erhöhen und 5 Minuten schmoren, bis der Spinat weich und der größte Teil der Flüssigkeit verdampft ist. In eine Schüssel geben und etwas abkühlen lassen. Mit Muskat, Cayennepfeffer, Salz und schwarzem Pfeffer abschmecken. Das Ei und 50 g von dem Greyerzer unterrühren und alles gut vermengen.

Die Mischung in die ausgehöhlten Kürbisse füllen. Die Kürbisse nebeneinander in eine ofenfeste Form stellen, den restlichen geriebenen Käse darüberstreuen und den Boden der Form etwa 12 mm hoch mit heißem Wasser bedecken.

Etwa 30 Minuten im Ofen backen, bis die Füllung gar ist und die Kürbisse weich sind.

Für 4 Personen

Würziges Kürbiskraut

Der Nachteil von festschaligen Kürbissen – die lange Kochzeit – wird bei diesem schnellen und leicht herzustellenden Gericht dadurch umgangen, daß man den Kürbis raffelt. Das Aroma der scharfen Pfefferschoten macht diese Beilage besonders reizvoll. Für dieses Gericht eignen sich alle Kürbissorten, nur die Garzeiten variieren ein wenig.

etwa 1,5 kg Kürbisfleisch
4 EL Butter
2 Schalotten, fein gehackt

1 kleine, getrocknete Chilischote, zerdrückt
Salz und frisch gemahlener schwarzer Pfeffer
*   nach Geschmack*

Den Kürbis schälen, halbieren und die Kerne entfernen. Auf einer möglichst groben Raffel reiben und beiseite stellen.
In einem großen, tiefen Topf bei mittlerer Hitze die Butter zerlassen. Kürbis, Schalotten und die zerkleinerte Pfefferschote dazugeben und unter ständigem Rühren 7 bis 10 Minuten kochen, bis der Kürbis weich, aber nicht matschig ist. Mit Salz und Pfeffer abschmecken und sofort servieren.

Für 4 bis 6 Personen

Thymianduftendes Kürbispüree

Das Rezept ist wirklich so verblüffend einfach wie es klingt. Das Ergebnis aber ist ein Gericht von Weltklasse, samtweich, mit berauschendem Thymiangeschmack, und es paßt zu allem – von Truthahn und Hähnchen bis zu gegrilltem Thunfisch. Es eignet sich auch jeder festschalige Kürbis dafür.

1 Kürbis von circa 1,5 kg
4 EL Butter
1 EL fein gehackter, frischer Thymian

1 Prise Cayennepfeffer
Salz und frisch gemahlener weißer Pfeffer
*   nach Geschmack*

Backofen auf 175 Grad C vorheizen. Den Kürbis halbieren und entkernen. Die Schnittstellen mit Alufolie abdecken, und die Hälften mit der Schnittfläche nach oben auf ein Backblech legen. Etwa 1 Stunde backen, bis der Kürbis sehr weich ist.
Die Alufolie entfernen und das weiche Fruchtfleisch zum Pürieren in die Küchenmaschine geben. Thymian und Butter hinzufügen, und

ein weiches, glattes Püree herstellen. Mit Cayennepfeffer, Salz und Pfeffer abschmecken.
In eine Schüssel geben und sofort servieren, oder in einer kleinen feuerfesten Form bei 120 Grad C im Ofen bis zum Servieren warm halten.

Für 4 Personen

HAUPTGERICHTE

Eines der Kürbis-Erlebnisse, an die ich mich am besten erinnere, waren die ersten Kürbis-Ravioli, die ich in einem italienischen Restaurant aß. Bis dahin hatte ich Kürbis für eine Kuchenzutat gehalten. Aber ich lernte schnell dazu.

Die frühen Amerikaner haben Kürbis annähernd wie Fleisch behandelt, und erst mit beginnendem Wohlstand wurde der Kürbis in der Küche von einem Grundnahrungsmittel zu einer Beilage, gar einer Kuriosität. Aus der echten Volksküche jedoch ist er nie ganz verschwunden: Nicht aus den Ravioli und Risotti der Italiener, nicht aus dem Ratatouille der Franzosen oder dem Lammeintopf der Griechen.

Bei den Rezepten in diesem Kapitel habe ich aber auch die Urväter des Kürbis, die Mittelamerikaner, nicht vergessen. Darum gibt es hier auch Enchiladas oder Truthahn-Eintopf mit Kürbis.

Spaghetti-Kürbis Primavera

Spaghetti aus Kürbis haben den großen Vorteil, weniger Kalorien zu enthalten als normale.
Und darum können wir es uns leisten, sie mit einer üppigen Sahnesauce zu servieren.

1 mittelgroßer Spaghettikürbis (etwa 1,5 kg)
½ l Schlagsahne
⅛ l Hühnerbrühe, vorzugsweise hausgemacht
2 Knoblauchzehen, zerdrückt
¼ TL zerkleinerte rote Pfefferschote
1 ½ Tassen Broccoliröschen
2 kleine Zucchini, in streichholzlange Stifte
  geschnitten
300 g frische Erbsen (oder aufgetaute
  Tiefkühlerbsen)
2 EL Butter

1 mittelgroße rote Paprika, geputzt, entkernt und
  in feine Streifen geschnitten
250 g Shiitake-Pilze, entstielt und in 6 mm dicke
  Scheiben geschnitten
1 EL grobkörniger Senf
75 g geriebener Parmesan, zusätzlich etwas
  Parmesan als Garnierung
Salz und frisch gemahlener schwarzer Pfeffer nach
  Geschmack
2 EL grob gehackte frische Kräuter (z.B. Basilikum,
  Schnittlauch, Dill und/oder Petersilie)

Backofen auf 175 Grad C vorheizen.
Die Kürbisschale mit dem Messer rundherum einstechen und den Kürbis im Ganzen auf ein ungefettetes Backblech legen. Ohne Zugabe von Wasser 1 Stunde im Ofen backen.
Inzwischen Sahne, Brühe, Knoblauch und die zerkleinerte Pfefferschote in einem schweren Topf bei mittlerer Hitze zum Kochen bringen. Dann die Hitze reduzieren und unter gelegentlichem Rühren etwa 20 Minuten leise kochen lassen, bis die Flüssigkeit eingekocht ist. Die Sauce vom Herd nehmen, beiseite stellen und zugedeckt warm halten.
Während die Sauce eindickt, Broccoli in einem kleinen Topf 1 bis 2 Minuten kochen. Mit einem Schaumlöffel herausnehmen, abtropfen lassen und in die Sauce geben. Nun die Zucchinistreifen ins kochende Wasser geben und 30 Sekunden kochen lassen. Ebenfalls abtropfen lassen und in die warme Sauce geben. Als letztes die Erbsen 2 bis 3 Minuten kochen, abtropfen lassen und in die Sauce geben.

In einem mittelgroßen Stieltopf bei mittlerer Hitze 1 EL Butter schmelzen lassen. Die Paprikaschote dazugeben und etwa 5 Minuten dünsten, bis sie weich ist. Anschließend in die Sauce geben. Die restliche Butter in denselben Topf geben und darin die Pilze 10 Minuten dünsten, bis sie gebräunt und weich sind. Ebenfalls in die Sauce geben.
Den gegarten Kürbis leicht abkühlen lassen, der Länge nach halbieren und entkernen. Mit einer Gabel die Fasern herauskratzen, in eine vorgewärmte Pastaschüssel geben und die Fasern mit der Gabel voneinander trennen. Senf und Parmesan mit dem Schneebesen in die Soße rühren, die dann noch einmal vorsichtig erhitzt wird. Über die Kürbisspaghetti gießen und alles gut durchmischen. Mit Salz und Pfeffer würzen. Kräuter und Parmesan zur Garnierung darüberstreuen.

Für 4 Personen

Truthahn-Kürbis-Pasteten

Dieses leckere Gericht erinnert an amerikanische Thanksgiving-Menüs, macht aber nicht viel Arbeit.
Man kann die Pasteten aus Resten vom Sonntagsbraten machen, aber mit geräuchertem Truthahn
schmecken sie edler.

Für den Teigdeckel:

50 g Mehl
½ TL Salz
6 EL kaltes Butterschmalz
4 EL kalte Butter
3 EL Eiswasser

Für die Füllung:

3 EL Butter
2 mittelgroße Porreestangen (nur die weißen Teile),
*   gewaschen und in dünne Ringe geschnitten*
1 kleine rote Paprikaschote, entkernt und
*   in mittelgroße Würfel geschnitten*
2 Stangen Sellerie, geputzt und fein gewürfelt

500 g geschälter Kürbis in Würfeln von etwa
*   2 cm Seitenlänge*
½ l Hühnerbrühe, vorzugsweise hausgemacht
50 g Mehl
1 EL gehackter frischer Thymian
1 EL gehackter frischer Salbei
2–3 Spritzer Tabasco
1 Lorbeerblatt
250 g geräucherter oder gebratener Truthahn
*   in mittelgroßen Würfeln*
⅛ l Schlagsahne
1 großes Eigelb, leicht verquirlt
2 EL geriebener Parmesan

Für den Teigdeckel Mehl und Salz in einer mittelgroßen Schüssel mischen. Die Butter und das Butterschmalz in Flocken dazugeben und einarbeiten, so daß eine grobkrümelige Masse entsteht. Eßlöffelweise das Eiswasser hinzufügen und die Mischung gut durchschütteln, so daß ein lose zusammenhängender Teig entsteht. Den Teig auf ein leicht bemehltes Brett geben, verkneten und daraus eine abgeflachte Kugel formen. In Butterbrotpapier einschlagen und für mindestens 30 Minuten, aber höchstens 24 Stunden, in den Kühlschrank legen.

Den Backofen auf 200 Grad C vorheizen.

Für die Füllung die Butter in einem tiefen Stieltopf bei mittlerer Hitze zerlassen. Porreeringe, Paprika und Sellerie dazugeben und langsam unter Rühren 20 bis 25 Minuten dünsten, bis die Gemüse weich sind. Währenddessen in einem weiteren mittelgroßen Topf den Kürbis in ⅛ l der Brühe zugedeckt bei schwacher Hitze 15 bis 20 Minuten kochen, bis der Kürbis eben gar ist.

Wenn die Porreemischung gar ist, Mehl darüberstäuben und gut durchrühren. Unter ständigem Rühren bei mittlerer Hitze langsam die restliche warme Brühe dazugeben. 5 bis 10 Minuten unter häufigem Rühren weiterkochen lassen, bis die Mischung weich und sämig ist. Den Kürbis samt seiner Kochflüssigkeit sowie Thymian, Salbei, Tabasco und das Lorbeerblatt dazugeben und alles gut vermengen. 5 Minuten köcheln lassen, dann das Truthahnfleisch untermischen und erhitzen. Die Sahne unterrühren.

Die Truthahnfüllung auf vier kleine feuerfeste Formen (circa 12 cm Durchmesser, 4 cm Höhe) verteilen. Den Teig auf einem leicht bemehlten Brett etwa 12 mm dick ausrollen und passende Abdeckungen für die Formen ausschneiden. Die Füllung mit dem Teigdeckel abdecken und am Rand der Form gut andrücken. Die Kruste an einigen Stellen mit der Gabel einstechen, mit dem Eigelb bepinseln und mit Parmesan bestreuen.

Im Ofen 20 bis 30 Minuten goldbraun backen. Sehr heiß servieren.

Für 4 Personen

Tandoori-Lamm und Zucchini-Kebabs mit Zucchini-Raïta

Der besondere Reiz dieser Abwandlung eines Klassikers der indischen Küche ist der Gegensatz zwischen der scharfen Marinade für das Lammfleisch und dem kühlen Joghurt. Die Kebabs gelingen am besten auf dem Holzkohlengrill, aber man kann sie auch unter dem Elektrogrill im Herd zubereiten.

650 g Lammkeule ohne Knochen, in Würfel von
    knapp 4 cm Seitenlänge geschnitten
⅛ l Joghurt
1 Stück frischer Ingwer, geschält und grob gehackt
4 Knoblauchzehen
1 TL Kreuzkümmel
1 TL gemahlener Koriander
½ TL gelbe oder schwarze Senfkörner
2 TL zerkleinerte rote Pfefferschoten
1 TL Salz
1 große rote Papkrikaschote, entkernt

1 kleine rote Zwiebel
2 mittelgroße Zucchini
4 Champignons ohne Stiele

Für die Raïta:
⅛ l Joghurt
100 g grob geraffelte Zucchini
1 fein gewürfelte reife Tomate
1 EL fein gehackte frische Korianderblätter
1 EL gelbe Senfkörner

Das gewürfelte Lammfleisch in eine Glasschüssel geben. In der Küchenmaschine Joghurt, Ingwer, Knoblauch, Kreuzkümmel, Koriander, Senfkörner und zerkleinerte Pfefferschote zu einem Püree verarbeiten. Die Mischung salzen und das Lammfleisch damit begießen. Über Nacht zugedeckt im Kühlschrank marinieren. Am nächsten Tag den Holzkohlengrill vorbereiten oder den Elektrogrill vorheizen. Die Paprikaschote und die Zwiebel in etwa gleichgroße Stücke wie das Lammfleisch schneiden. Die Zucchini putzen und in gut 1 cm dicke Scheiben schneiden. Das Lammfleisch aus der Marinade nehmen und abwechselnd mit Zwiebeln, Paprika und Zucchinischeiben auf einen

Metallbratspieß stecken; zuletzt einen Pilz aufspießen. Auf bzw. unter dem Grill unter gelegentlichem Wenden 6 bis 10 Minuten braten, je nachdem, wie gut das Lammfleisch durchgebraten sein soll.
Während die Kebabs grillen, wird die Raïta hergestellt: In einer kleinen Schüssel Joghurt, Zucchini, Tomaten und Korianderblätter gut vermischen. Die Senfkörner bei großer Hitze in einer Teflonpfanne rösten, bis sie platzen, und in die Joghurtmischung geben. Die Kebabs mit der Raïta servieren.

Für 4 Personen

Gefüllter Kürbis mit Chorizo und Mais

*Dieses würzige Gericht ist eine Kombination der besten Zutaten der Küche des Südwestens –
Kürbis, Chorizo, Mais, Reis und grüne Oliven. Anstelle von Acorn-Kürbissen kann man auch Roly Poly
oder Squash verwenden.*

*4 kleine Kürbisse (Acorn, Squash) von etwa
    10 cm Durchmesser
250 g spanische Chorizo (scharfe Wurst) ohne Haut
1 Tasse gekochter Langkorn-Reis
1 Tasse frische Maiskörner (oder aufgetauter
  Tiefkühlmais)*

*4 Frühlingszwiebeln, nur das Grüne, grob gehackt
½ Tasse mit Paprika gefüllte Oliven, grob gehackt
6 EL Hühnerbrühe
Salz und frisch gemahlener schwarzer Pfeffer
  nach Geschmack
75 g geriebener milder Käse*

Den Backofen auf 175 Grad C vorheizen.
Die Unterseite der Kürbisse flach abschneiden, damit sie aufrecht stehen können. Eine etwa 2 cm dicke Scheibe von der Oberseite abschneiden, die Kerne herauskratzen und die Kürbisse beiseite stellen.
Wurst zerkleinern, in einen kleinen Stieltopf geben und bei mittlerer Hitze unter häufigem Rühren etwa 10 Minuten lang anbraten. Die Wurst mit dem ausgelassenen Fett in eine Rührschüssel geben. Reis, Mais, Frühlingszwiebeln, Oliven und Hühnerbrühe dazugeben, alles gut mischen und mit Salz und Pfeffer abschmecken. ⅔ des Käses unterrühren.

Die Mischung in die vorbereiteten Kürbisse füllen. Die Kürbisse aufrecht in eine feuerfeste Form passender Größe stellen, die etwa 2,5 cm hoch mit Wasser gefüllt wird. Lose abgedeckt etwa 30 Minuten im Ofen backen. Dann die Abdeckung entfernen und den restlichen Käse über die gefüllten Kürbisse streuen. Weitere 10 bis 15 Minuten backen, bis sich der Kürbis leicht mit der Gabel einstechen läßt und der Käse geschmolzen ist.

Für 4 Personen.

Gebackener Spaghetti-Kürbis mit Käse

*Dieses leicht und schnell zubereitete Gericht kann wie ein amerikanisches Omelett zum Brunch
oder als Hauptgang zum Mittagessen serviert werden. Mehrere Käsesorten stehen zur Wahl –
Mozzarella, Parmesan oder sogar Ziegenkäse – und der Spaghetti-Kürbis kann durch Zucchini
oder eine andere Sommerkürbisart ersetzt werden.*

1 kleiner Spaghetti-Kürbis (circa 750 g)
1 EL Butter
1 kleine rote Paprikaschote, geputzt, entkernt und
    in Würfel von 6 mm Seitenlänge geschnitten
2 frische Pfefferschoten, entkernt und klein gewürfelt
1 Tasse frische Maiskörner (oder aufgetauter
    Tiefkühlmais)

1 TL getrockneter Oregano, zerbröselt
Salz und frisch gemahlener schwarzer Pfeffer
    nach Geschmack
6 große Eier
⅛ l Schlagsahne
150 g geriebener, sehr pikanter Käse (Cheddar,
    alter Gouda)

Backofen auf 175 Grad C vorheizen. Kürbis rundherum einschneiden, auf dem Backblech ohne Zugabe von Wasser 1 Stunde garen. Etwas abkühlen lassen, halbieren und die Fasern mit einem Löffel herausschaben.

In einem kleinen Topf bei mittlerer Hitze die Butter zerlassen. Paprika und Pfefferschoten dazugeben und circa 5 Minuten dünsten, bis das Gemüse weich ist. In eine mittelgroße Schüssel umfüllen und Kürbis, Mais und Oregano dazugeben. Gut mischen und mit Salz und Pfeffer abschmecken.

In einer zweiten Schüssel Eier und Sahne gut verquirlen. Über die Kürbismischung gießen, 120 g Käse dazugeben und alles gut vermengen. In eine feuerfeste Form von geeigneter Größe geben und den restlichen Käse gleichmäßig darüber verteilen.

30 bis 40 Minuten im Ofen überbacken.

Für 4 bis 6 Personen

Zucchini-Käse-Enchiladas mit Tomatillosauce

Ich bevorzuge Enchiladas mit einer leichteren Füllung als der üblichen aus Huhn oder Rindfleisch. Geraffelte Zucchini behalten ihre Struktur, wenn sie langsam gegart werden, und die würzigen Tomatillos und pikante Paprikaschoten geben der Sauce ihren feurigen Geschmack.

4 kleine, spitze Paprikaschoten
750 g Tomatillos mit ihren Hülsen (gibt's in mexikanischen Läden, ersatzweise Strauchtomaten)
1 TL getrockneter Oregano, vorzugsweise mexikanisch, zerbröselt

⅛ l Hühnerbrühe, vorzugsweise selbstgemacht
750 g grob geraffelte Zucchini
1 mittelgroße Zwiebel, fein gewürfelt
250 g geriebener milder Käse
⅛ l Pflanzenöl
12 Maistortillas (gibt's in mexikanischen Läden)

Den elektrischen Grill vorheizen.

Die Parikaschoten auf einem schweren Backblech unter den Grill legen. Von allen Seiten grillen, bis sie verkohlt und blasig sind. Dies wird je nach Größe der Schoten und Stärke des Grills zwischen 10 und 15 Minuten dauern. Etwas abkühlen lassen, dann die Haut abziehen und das Innere und die Kerne entfernen. Mit Küchenkrepp abtrocknen und zum Pürieren in die Küchenmaschine geben.

Die Tomatillos in der Schale in einen schweren Topf geben. Etwa 10 Minuten bei mittlerer Hitze garen, bis die Tomatillos braune Flecken bekommen und ziemlich weich sind. Etwas abkühlen lassen, die Schalen entfernen. Zusammen mit Oregano und Hühnerbrühe zu den Paprikaschoten in die Küchenmaschine geben und pürieren.

Mit einer Kelle eine Tasse der Sauce in eine ungefettete, circa 22 mal 32 cm große feuerfeste Form geben und beiseite stellen. Die übrige Sauce in eine flache Schale gießen und in Herdnähe bereithalten.

Den Backofen auf 175 Grad C einstellen.

In einer mittelgroßen Schüssel Zucchini, Zwiebel und 150 g Käse gut mischen und in Herdnähe bereitstellen.

Das Öl bei mittlerer Hitze in einem mittelgroßen Stieltopf erwärmen. Mit einer Zange die Tortillas nacheinander etwa 30 Sekunden in das heiße Öl tauchen, damit sie weich werden. Überschüssiges Öl in den Topf ablaufen lassen. Dann die Tortillas in die Tomatillosauce tauchen, es bleibt nur wenig Sauce haften. Die Tortillas nacheinander in die feuerfeste Form mit der Sauce legen und etwa ½ Tasse Zucchinimischung daraufgeben. Die Tortillas aufrollen und dicht nebeneinander mit der »Naht« nach unten in die Form packen. Die restliche Tomatillosauce gleichmäßig über die Enchiladas verteilen und besonders die Enden gut mit Sauce bedecken. Den restlichen Käse darüberstreuen. 30 Minuten im Ofen backen, bis die Tortillas weich sind, der Käse geschmolzen ist und sich mit der Füllung vermischt hat. Die Ränder der Enchiladas sollen knusprig sein. Heiß servieren.

Für 4 bis 6 Personen

Kürbisrisotto mit Schinken und Parmesan

Kürbis eignet sich wegen seines feinen Geschmacks besonders gut für einen sämigen Risotto.
Er muß allerdings separat gekocht werden, sonst wird er matschig. Statt des Hokkaido-Kürbisses
kann auch ein anderer festschaliger Kürbis verwendet werden.

1,5 kg Hokkaido-Kürbis
8 EL Butter
circa 1 ½ l kräftige Hühnerbrühe, möglichst
    hausgemacht
4 dünne Porreestangen (nur die weißen Teile),
    gewaschen und fein gehackt
1 ½ Tassen Risotto-Reis

50–60 g dünner Schinken (prosciutto), in feine
    Streifen geschnitten
1 Prise Cayennepfeffer
75 g geriebener Parmesan
Salz und frisch gemahlener weißer Pfeffer
    nach Geschmack

Den Kürbis mit einem scharfen Messer halbieren. Die Kerne herauskratzen, die Haut abziehen und das Fruchtfleisch in Würfel von 12 mm Seitenlänge schneiden.

In einem großen Topf bei mittlerer Hitze 3 EL Butter zerlassen. Den Kürbis dazugeben und etwa 15 Minuten dünsten, bis er zart, aber noch fest ist. Warm halten, während der Risotto zubereitet wird.

In einem großen Topf die Brühe erhitzen. In einer großen, tiefen Pfanne bei mittlerer Hitze die restlichen 5 EL Butter schmelzen. Den Porree dazugeben und etwa 15 Minuten dünsten, bis er weich ist. Den Reis hinzufügen und verrühren, bis alle Körnchen mit der Butter überzogen sind. Eine Tasse heiße Brühe zuschütten und unter Rühren kochen lassen, bis die gesamte Flüssigkeit absorbiert ist. Auf diese Art fortfahren, bis etwa 6 Tassen Brühe absorbiert sind. Dann den Kürbis, Schinken und Pfefferschoten unterrühren. Den Reis weiterkochen lassen, bis er al dente ist, und nach Bedarf die restliche Brühe dazugeben. Die fertige Mischung soll leicht suppig, aber trotzdem appetitlich aussehen. Die Hälfte des Käses unterrühren und mit Salz und Pfeffer abschmecken.

In Teller füllen und mit dem restlichen Käse servieren.

Für 3 bis 4 Personen

Pilz-Kürbis-Ravioli mit Salbeibutter

Ravioli sind ganz leicht herzustellen, wenn man fertigen Pastateig oder sogar chinesischen Wontonteig verwendet. Wichtig: Eine Kürbissorte mit festem, nicht wässrigem Fleisch wählen.

Für die Ravioli:
3 EL Butter
1 EL kaltgepreßtes Olivenöl
16 Shiitake-Pilze, entstielt und fein gewürfelt
2 Schalotten, fein gewürfelt
2 Knoblauchzehen, fein gehackt
1 TL Sojasauce
1 TL fein gehackter frischer Salbei
1 ½ Tassen festes Kürbispüree
100 g geriebener Parmesan und etwas Käse als Garnierung

50 g Semmelbrösel
Salz und frisch gemahlener schwarzer Pfeffer nach Geschmack
Eiweiß von 2 großen Eiern
4 Blätter frischen Lasagneteig (40 × 60 cm) oder 24 Wontonblätter

Für die Salbeibutter:
8 EL Butter
16 frische Salbeiblätter, in feine Streifen geschnitten

In einem großen Topf bei mittlerer Hitze Butter und Öl erhitzen. Pilze, Schalotten und Knoblauch dazugeben und etwa 10 Minuten dünsten. Sojasauce und Salbei unterrühren und bei großer Hitze unter ständigem Rühren weitere 3 bis 5 Minuten weiterkochen, bis die Pilze beginnen, dunkel zu werden. In eine Schüssel geben und abkühlen lassen. Dann Kürbis, Käse und Semmelbrösel unterrühren und mit Salz und Pfeffer abschmecken. Ein Eiweiß unterziehen und beiseitestellen.

Den Pastateig in 24 Quadrate von 10 cm Seitenlänge schneiden. Einen Eßlöffel der Füllung nicht ganz in die Mitte von jedem Teigstück geben. Die Ränder mit Eiweiß bepinseln und die Teigstücke in Dreieckform falten. Die Ränder fest andrücken, so daß sie zusammenkleben. In Klarsichtfolie einschlagen und mindestens 1 Stunde (oder über Nacht) in den Kühlschrank legen.

In einem großen Topf Wasser zum Kochen bringen. Salz hinzufügen und wieder sprudelnd aufkochen lassen. Die Ravioli vorsichtig in den Topf geben und kochen, bis sie al dente sind. Das dauert je nach Art der Pasta 3 bis 4 Minuten. Die Ravioli sind fertig, wenn sie an die Oberfläche schwimmen. Mit einem Schaumlöffel die Ravioli aus dem Wasser nehmen, abtropfen lassen und auf einer vorgewärmten Platte anrichten.

Für die Salbeibutter die Butter bei mittlerer Hitze in einem kleinen Topf zerlassen. Den Salbei dazugeben und 2 bis 3 Minuten köcheln lassen, damit die Butter den Salbeigeschmack annimmt. Die Salbeibutter über die Ravioli gießen. Mit Käse und schwarzem Pfeffer bestreuen und servieren.

Für 4 bis 6 Personen

Penne in würziger Tomatensauce mit Kürbis-Rosmarin-Fleischbällchen

Kürbis wird normalerweise in Würfeln oder Streifen an Tomatensaucen gegeben. Hier steckt der Kürbis in den Fleischbällchen: Das macht sie besonders saftig. Ersatzweise kann man natürlich auch Zucchini verwenden.

6 EL kaltgepreßtes Olivenöl
1 große Zwiebel, fein gewürfelt
5 große Knoblauchzehen, fein gehackt
700–750 g Tomaten aus der Dose, leicht zerdrückt
1 EL Tomatenmark
1 TL getrockneter Oregano, zerbröselt
1 TL getrocknetes Basilikum
1 TL rote Pfefferschoten, gehackt
1 Lorbeerblatt
100 g grob gehackte, entkernte Oliven

Salz und frisch gemahlener schwarzer Pfeffer nach Geschmack
500 g Rinderhack
150 g grob geraffelter Kürbis
1 großes Ei
1 EL fein gehackter frischer Rosmarin
50 g geriebener Parmesan, zusätzlich geriebener Parmesan zum Servieren
375 g Penne

In einem großen tiefen Topf bei mittlerer Hitze das Öl erwärmen. Die Zwiebel hineingeben und etwa 5 Minuten dünsten, bis sie glasig ist. ²/₃ des Knoblauchs hinzufügen und weitere 2 Minuten dünsten. Tomaten, Tomatenmark, Oregano, Basilikum, Pfefferschote, Lorbeerblatt und Oliven unterrühren und die Sauce bei schwacher Hitze unter gelegentlichem Rühren 30 Minuten kochen lassen, bis sie etwas eindickt. Mit Salz und Pfeffer würzen und warm stellen.

Während die Sauce kocht, die Fleischbällchen zubereiten. Das Rinderhack etwas zerpflücken und in eine Schüssel geben. Kürbis, Ei, Rosmarin, 50 g Parmesan und den restlichen Knoblauch dazugeben und das Ganze sehr gut vermischen. Mit 1 TL Salz und 3 bis 4 Drehungen aus der Pfeffermühle würzen. Fleischbällchen von knapp 4 cm Durchmesser formen und in die heiße Sauce geben. Zugedeckt 15 Minuten bei schwacher Hitze kochen lassen, bis die Fleischbällchen gar sind.

Währenddessen in einem großen Topf reichlich Wasser sprudelnd zum Kochen bringen. Salz hineingeben und wieder aufkochen lassen. Die Penne hineinschütten und al dente kochen. Das dauert, je nach Sorte, etwa 11 Minuten. Gut abtropfen lassen und in eine große Schüssel geben. Sauce und Fleischbällchen über die Pasta geben und sofort servieren. Dazu geriebenen Parmesan reichen.

Für 4 Personen

Gegrillte Fischfilets auf Blitz-Ratatouille

Ratatouille ist gewöhnlich ein Einzelgericht mit langer Garzeit. Unsere Variante ist schnell und gesund, und sie paßt zu gegrillten Fischfilets besonders gut.

5 EL kaltgepreßtes Olivenöl
1 kleine Aubergine , geschält und in Würfel von 12 mm Seitenlänge geschnitten
1 mittelgroße Zwiebel, geschält und in Würfel von 12 mm Seitenlänge geschnitten
1 große rote Paprikaschote, geputzt, entkernt und in Würfel von 12 mm Seitenlänge geschnitten
3 große Knoblauchzehen, fein gehackt
4 kleine Zucchini, geputzt und in Würfel von 12 mm Seitenlänge geschnitten

4 große, sehr reife Tomaten, entkernt und in Würfel von 12 mm Seitenlänge geschnitten
1 EL Tomatenmark
1 Prise Cayennepfeffer
Salz und frisch gemahlener schwarzer Pfeffer nach Geschmack
4 Fischfilets mit Haut à 150 g (von Lachs, Thunfisch, Schwertfisch oder Brasse)
2 Bund frisches, gehacktes Basilikum sowie einige Basilikumzweige zur Garnierung
50 g gehackte entkernte Oliven

In einem großen tiefen Stieltopf bei mittlerer Hitze 3 EL Öl erwärmen. Die Aubergine dazugeben und unter ständigem Rühren etwa 10 Minuten dünsten, bis sie weich ist. In eine Schüssel füllen und beiseitestellen.

Einen weiteren Eßlöffel Öl in den Topf geben und bei mittlerer Hitze Zwiebel, Paprika und Knoblauch etwa 10 Minuten dünsten, bis sie zart sind. Die Aubergine in den Topf zurückgeben, Zucchini, Tomaten, Tomatenmark und Pfefferschoten hinzufügen, und alles gut vermischen. Zugedeckt etwa 20 Minuten köcheln lassen, bis die Gemüse weich sind. Dann den Deckel abnehmen und weitere 5 bis 10 Minuten kochen lassen, bis das Ratatouille ziemlich trocken ist. Mit Salz und Pfeffer abschmecken, abdecken und vom Herd nehmen.

Holzkohlen- oder Elektrogrill anheizen. Die Fischfilets, wenn nötig, schuppen, auf beiden Seiten mit dem restlichen Öl einreiben und kräftig salzen und pfeffern. Den Fisch unter einmaligem Wenden auf beiden Seiten je 3 Minuten grillen, bis er gerade eben mürbe ist.

Gehackte Oliven und Basilikum in das Ratatouille rühren. Auf 4 Teller verteilen und die Filets darauflegen. Mit Basilikumzweigen garnieren und sofort servieren.

Für 4 Personen

DESSERTS

Manche Kürbissorten sind so süß, daß sie für Desserts ideal sind und sich als Füllung für saftige amerikanische Pies oder sahnige Quarktorten eignen. Meistens wird der Kürbis erst gebacken, dann püriert, und das Püree verarbeitet man dann zu allerlei volkstümlichen Süßspeisen. Selbst die zarten Zucchini kann man süß zubereiten: Geraspelt geben sie einem Kuchenteig Feuchtigkeit.

Kürbisfleisch ist günstig. Die übrigen Zutaten dürfen deshalb ruhig etwas anspruchsvoller sein, schwarze, eingelegte Walnüsse zum Beispiel oder kandierter Ingwer. Und weil Kürbis allein kaum Kalorien hat, ist auch ein wenig mehr Zucker erlaubt …

Kürbis-Preiselbeerkuchen mit Ingwerkekskruste

*In diesem nahrhaften, cremigen Dessert sind zwei leckere Herbstfrüchte vereint,
außerdem ist es leicht herzustellen. Man sollte allerdings in der Planung berücksichtigen,
daß der Käsekuchen über Nacht kalt gestellt werden muß.*

1 ½ Tassen zerkrümelte Ingwerkekse
6 EL zerlassene Butter
1 Tasse Preiselbeeren, frisch oder tiefgekühlt
100 g plus 150 g Streuzucker
⅛ l Wasser

700 g Frischkäse
5 große Eier
knapp ¼ l Saure Sahne
1 Tasse gekochter, pürierter Kürbis
1 TL geriebener Ingwer

In einer Schüssel die zerkrümelten Ingwerkekse und die zerlassene Butter gut vermischen. Die entstandene Masse auf dem Boden und am unteren Rand einer 25-cm-Springform verteilen. Boden und Rand der Form von außen mit Alufolie einschlagen und in den Kühlschrank stellen, während die Füllung zubereitet wird. Backofen auf 160 Grad C vorheizen.

Die Preiselbeeren, 100 g Zucker und das Wasser in einem kleinen, schweren Topf zum Kochen bringen und unter gelegentlichem Rühren etwa 10 Minuten kochen, bis die Beeren platzen und die Mischung einzudicken beginnt. Vollständig abkühlen lassen.

Mit der Küchenmaschine auf mittlerer Stufe Sahne, Frischkäse und 150 g Zucker zu einer glatten Masse verarbeiten. Eier und Saure Sahne dazugeben und ebenfalls gründlich verschlagen. Eine Tasse der Mischung beiseite stellen. In die restliche Mischung Kürbis und Ingwer einrühren und alles in die vorbereitete Springform füllen. Die abgekühlten Preiselbeeren zusammen mit der zuvor beiseitegestellten Mischung im Mixer pürieren, über die Kürbismasse gießen und mit einem Buttermesser verstreichen. Etwa 1 Stunde im Ofen backen, bis die Füllung am Rand fest wird. In der Mitte soll sie noch puddingartig aussehen. Den Herd abschalten, die Klappe aufmachen und den Käsekuchen 2 Stunden abkühlen lassen. Anschließend den Kuchen auf dem Rost völlig auskühlen lassen. Vor dem Servieren über Nacht im Kühlschrank kalt stellen.

Ergibt 10 bis 12 Stücke

Crème brûlée mit Kürbis und Rum

Crème brûlée ist ein unwiderstehliches Dessert. Der Kürbis macht diese Variante etwas körniger als das französische Original, und durch den Rum steigt sie einem etwas mehr zu Kopf.

3 große Eigelb
¼ l Schlagsahne
½ Tasse brauner Zucker, zusätzlich etwas brauner Zucker zum Bestreuen
1 Tasse gekochter, pürierter Kürbis (Gartenkürbis oder eine andere, nicht zu wässrige Sorte)

2 EL dunkler Rum
½ TL gemahlene Muskatblüte (Macis)
¼ TL frisch gemahlene Muskatnuß
1 Prise Salz

Den Backofen auf 175 Grad C vorheizen.
In einer Schüssel Eigelb, Sahne und ½ Tasse Zucker miteinander verrühren. Kürbispüree, Rum, Muskatblüte, Muskatnuß und Salz hinzufügen und gut verrühren. Die Mischung in 4 kleine Förmchen füllen. Die Förmchen in eine feuerfeste Form stelllen und in diese soviel Wasser hineingießen, daß die Förmchen zur Hälfte darin stehen.
30 bis 40 Minuten im Ofen backen. Vollständig abkühlen lassen und anschließend zugedeckt im Kühlschrank mindestens 3 Stunden kalt stellen.
Kurz vor dem Servieren den elektrischen Grill im Backofen vorheizen. Eine dünne Schicht braunen Zucker über jedes Förmchen sieben. Unter den Grill stellen (Entfernung 8–10 cm) und 1 bis 3 Minuten warten, bis der Zucker karamelisiert. Nicht anbrennen lassen. Sofort servieren.

Für 4 Personen

Kürbis-Bananen-Brot mit Pecan-Nüssen

Bananen und Kürbis gehen hier eine äußerst nahrhafte und aromatische Verbindung ein.
Die Gewürze und die verwendeten Nußsorten können variert werden.

200 g Streuzucker
100 g streichfähige Butter
¾ Tasse zerdrückte, sehr reife Bananen
1 Tasse zerdrückter, gekochter Kürbis
2 große Eier
1 TL Vanillezucker
300 g Mehl

1 ½ TL Backpulver
½ TL Salz
½ TL geriebene Muskatblüte
½ TL frisch gemahlene Muskatnuß
1 Tasse Pecan-Nüsse oder Walnüsse, grob gehackt
½ Tasse geröstete Kürbiskerne

Backofen auf 175 Grad C vorheizen. Eine – vorzugsweise gläserne – Brotform buttern.
Zucker und Butter in einer großen Schüssel schaumig rühren (falls man die Küchenmaschine benutzt, auf niedriger Stufe laufen lassen). Banane und Kürbis unterrühren. Die Eier dazugeben, alles zu einer glatten Masse verarbeiten, und dann den Vanillezucker untermischen.
In einer zweiten Schüssel Mehl, Backpulver, Salz, Muskatblüte und Muskatnuß miteinander vermengen. Die Mehlmischung und die But-termischung gut miteinander verrühren, so daß eine zusammenhängende Masse entsteht, dann die Nüsse unterrühren. Den Teig in die vorbereitete Form geben und nach Belieben mit Kürbiskernen bestreuen.
50 bis 60 Minuten im Ofen backen. Ein in die Mitte gesteckter Zahnstocher muß sich ohne haftende Teigreste wieder herausziehen lassen. Vor dem Anschneiden auf dem Rost abkühlen lassen.

Ergibt einen Laib

Kürbis-Praliné-Torte

Diese Mischung aus Kürbis- und Nußtorte ergibt einen leckeren, außerordentlich saftigen Nachtisch, z.B. für ein Picknick.

Für den Teig:
150 g plus 2 EL Mehl
½ TL Salz
75 g kaltes Butterschmalz
2 ½–3 EL Eiswasser

Für die Füllung:
1 ½ Tassen gekochter, pürierter Kürbis
(keine wässrige Sorte wählen!)
100 g brauner Zucker
1 TL gemahlener Ingwer
½ TL gemahlener Zimt
½ TL gemahlener Piment (Nelkenpfeffer)

¼ TL geriebene Muskatnuß oder gemahlene
Muskatblüten (Macis)
⅛ TL gemahlene Nelken
Salz
2 große Eier, leicht verquirlt
¼ l Schlagsahne

Für den Belag:
50 g Mehl
70 g brauner Zucker
3 EL gekühlte Butter
⅓ Tasse Pecan-Nüsse oder Walnüsse, fein gehackt

Für den Teig in einer großen Rührschüssel Mehl und Salz vermengen. Mit zwei Messern das Butterschmalz in Flocken dazugeben und einarbeiten, so daß eine grobkrumige Mischung entsteht. Etwas Eiswasser darübersprengen. Mit der Gabel mischen, bis die Masse zusammenhängt, dann mehr Wasser hinzufügen. Der Teig soll nicht klebrig werden. Weiter Wasser hinzufügen und mit der Gabel mischen, bis der Teig Kugelform anzunehmen beginnt. Auf eine leicht bemehlte Fläche legen und mit den Handballen leicht durchkneten, bis sich eine glatte Kugel formen läßt. In Butterbrotpapier einschlagen und mindestens 30 Minuten oder über Nacht in den Kühlschrank legen. Den Backofen auf 190 Grad C vorheizen. Den Teig auf einer leicht bemehlten Fläche zu einem Kreis von 30 cm Durchmesser ausrollen und vorsichtig in eine Kuchenform von circa 22 cm Durchmesser legen. Etwas festdrücken und an den Rändern mit der Gabel Form geben. Mit Klarsichtfolie abdecken und für 15 Minuten in den Kühlschrank stellen. Dann 20 Minu-

ten backen, bis der Teig hellbraun ist. Abkühlen lassen.
Den Backofen auf 230 Grad C hochstellen.
In einer großen Schüssel Kürbis und braunen Zucker gut vermischen. Zunächst Gewürze und Salz, dann Eier und Sahne unterrühren und alles gut vermischen. Auf den abgekühlten Teig geben und beiseite stellen.
Für den Belag in einer kleineren Schüssel Mehl und Zucker vermischen. Mit der Küchenmaschine oder zwei Messern die Butterflocken in die Mischung einarbeiten, so daß grobe Krümel entstehen. Die Pecan-Nüsse dazugeben und gut untermischen, dann die Mischung auf die Füllung bröseln.
10 Minuten im Ofen backen, dann die Temperatur auf 175 Grad C reduzieren und weitere 35 bis 40 Minuten backen, bis an einer eingestochenen Messerklinge nichts mehr haften bleibt. Vor dem Servieren auf einem Rost vollständig abkühlen lassen.

Ergibt 8 bis 10 Portionen.

Würziger indianischer Kürbispudding

Diesem sehr amerikanischen Dessert verleiht der Kürbis die Farbe und das gewisse Etwas.
Man kann auch alle Arten festschaliger Kürbisse dafür verwenden.

50 g grobes Maismehl
¼ l Wasser
¾ l Milch
1 TL Salz
1 Tasse gekochter, pürierter Kürbis
1 großes Ei, leicht verquirlt
75 g brauner Zucker

⅛ l Ahornsirup
1 EL Butter
1 TL geriebener Ingwer
½ TL geriebener Piment
⅛ TL gemahlene Nelken
Vanille-Eis (wahlweise)

Backofen auf 160 Grad C vorheizen.
Eine 1,5-l-Souffléform oder eine Kasserolle leicht buttern und beiseitestellen.
In einer Schüssel Maismehl und Wasser gut verrühren. Zusammen in einen schweren Topf geben, ½ l Milch und Salz hinzufügen und alles gut vermischen. Unter ständigem Rühren zum Kochen bringen. Bei etwas mehr als mittlerer Hitze unter Rühren 10 Minuten oder länger kochen, bis die Mischung dickflüssig und sämig ist. Vom Herd nehmen und Kürbis, Ei, Zucker,

Sirup, Butter, Ingwer, Piment und Nelken unterrühren. In die vorbereitete Souffléform gießen.
Im Ofen 30 Minuten backen. Aus dem Ofen nehmen, und den restlichen ¼ l Milch unterrühren. Wieder in den Ofen zurückstellen und 1 ½ Stunden backen, bis die Masse dick und blasig ist. Warm, auf Wunsch mit Vanilleeis, servieren.

Für 6 Personen

Kürbis-Kolatschen

Kolatschen, die tschechischen kleinen Küchlein, lernte ich in Nebraska kennen. Ich fand, daß der nicht allzu süße Teig gut zu Kürbis paßt. Normalerweise besteht die Füllung aus Aprikosen oder Mohnsamen, aber zu dieser Variante paßt Chutney noch besser. Die Kolatschen ißt man am besten noch am Tag, an dem sie gebacken wurden.

1 TL Trockenhefe
600 g Mehl
100 g streichfähige Butter, zusätzlich
   2 EL zerlassene Butter
⅛ l Milch

175 g Streuzucker
Salz
2 große Eigelb, nicht gekühlt
½ Tasse gekochter, pürierter Kürbis
½ Tasse fein gehacktes Mango Chutney

In einer großen Schüssel die Hefe mit 225 g Mehl vermengen. In einem kleinen Topf Butter, Milch, Zucker und Salz auf etwa 45 Grad C erwärmen und über die Hefe-Mehl-Mischung gießen. Das Eigelb und den Kürbis dazugeben und etwa 1 Minute mit dem elektrischen Mixer auf niedriger Stufe durchrühren; dann den Mixer auf eine höhere Stufe stellen und noch weitere 3 Minuten laufen lassen. Mit einem Holzlöffel von dem verbliebenen Mehl so viel unterrühren, daß ein weicher Teig entsteht.

Den Teig auf einer leicht bemehlten Fläche 8 bis 10 Minuten kneten, bis er elastisch ist. Zu einer Kugel formen, in eine gut gebutterte Schüssel geben und darin so lange herumrollen, bis die Oberfläche rundherum eingefettet ist. Die Schüssel mit einem Küchentuch abdecken, und den Teig etwa 1 ½ Stunden an einem warmen, zugfreien Ort gehen lassen, bis er seinen Umfang verdoppelt hat.

Den Teig kurz durchkneten und dann golfballgroße Stücke abreißen und zu Kugeln formen. In 6 bis 8 cm Abstand auf gefettete Backbleche geben. Mit einem Küchentuch abdecken und nochmals 45 Minuten gehen lassen, bis sich der Umfang verdoppelt hat.

Inzwischen den Backofen auf 200 Grad C vorheizen.

Nach dem Gehen die Teigkugeln flachdrücken und eine kleine Vertiefung in der Mitte formen. Etwa 1 TL Mango Chutney in jede Vertiefung füllen. Die einzelnen Gebäckstücke dünn mit zerlassener Butter bepinseln.

Etwa 12 bis 15 Minuten backen, bis sie goldbraun sind. Warm servieren.

Ergibt etwa 2 Dutzend Kolatschen

Zucchini-Erdnuß-Kekse

Diese saftigen, innen ein wenig klebrigen Kekse sind gesund und lassen sich leicht und in vielen Variationen herstellen. Anstelle von Datteln kann man auch Schokochips, Rosinen oder gedörrte Kirschen verwenden. Kürbis kann die Zucchini ersetzen. Die Kekse halten sich nicht gut, sollten also am besten innerhalb von 24 Stunden verzehrt werden.

100 g streichfähige Butter
100 g Erdnußcreme
175 g brauner Zucker
175 g Streuzucker
2 große Eier
1 TL Vanillezucker

225 g Mehl
½ TL Backpulver
½ TL Salz
1 Tasse Haferflocken
1 ½ Tassen grob geraffelte Zucchini
1 Tasse fein gehackte, entkernte Datteln

Den Backofen auf 190 Grad C vorheizen.
In einer großen Schüssel mit dem Mixer auf niedriger Stufe Butter, Erdnußbutter und braunen und weißen Zucker gut miteinander verrühren. Eier und Vanillezucker hinzufügen.
In einer zweiten Schüssel Mehl, Backpulver und Salz vermengen. Die Mehlmischung und die Eimischung gründlich miteinander vermengen, dann die Haferflocken, Zucchini und Datteln unterrühren und alles nochmals gut mischen. Den Teig ungeformt teelöffelweise in 5 cm Abstand auf ein ungefettetes Backblech geben.
Etwa 15 Minuten backen, bis die Kekse leicht angebräunt sind. Kurz auf dem Blech abkühlen lassen, dann auf einem Rost vollständig auskühlen lassen.

Ergibt etwa 4 Dutzend Kekse

Zucchini-Walnuß-Riegel

Diese weichen Keksriegel verdanken ihre Konsistenz den Zucchini und ihren besonderen Geschmack den schwarzen, eingelegten Walnüssen, die man in Spezialitätengeschäften bekommt. Wenn sich keine schwarzen Walnüsse auftreiben lassen, kann man auch Pecan-Nüsse oder normale Walnüsse verwenden. Geraffelter Kürbis kann die Zucchini ersetzen.

1 ½ Tassen grob geraffelte Zucchini
2 große Eier
200 g Streuzucker
gut ⅛ l Pflanzenöl
1 ½ TL Vanillezucker
225 g Mehl
1 TL Backpulver
Salz
1 TL gemahlener Zimt
½ TL gemahlener Piment

¼ TL frisch gemahlene Muskatnuß
1 Tasse schwarze, eingelegte Walnüsse, grob gehackt

Für den Guß:
80 g weicher Frischkäse
circa 400 g gesiebter Puderzucker
2 EL Milch
Salz
1 TL Vanillezucker

Den Backofen auf 175 Grad C vorheizen. Eine circa 22 × 32 cm große Backform leicht einfetten und beiseitestellen.

Die Zucchini zum Abtropfen in einen Durchschlag geben und die Flüssigkeit so gut wie möglich ausdrücken.

In einer großen Schüssel mit einem Holzlöffel Eier, Zucker und Öl gut verschlagen. Die Vanille unterrühren.

In einer kleineren Schüssel Mehl, Backpulver, Salz, Zimt, Muskatnuß und Piment vermengen. Diese Mischung zur Eimischung geben und das Ganze gut vermengen. Zucchini und Walnüsse unterrühren und alles in die vorbereitete Backform geben.

Im Ofen 30 Minuten backen. Auf Druck muß die Oberfläche leicht federn. Auf einem Rost abkühlen lassen.

Für den Guß den Frischkäse mit einem Holzlöffel oder im Mixer auf niedriger Stufe gut verrühren, bis er weich ist. Dann Zucker und Milch untermischen. Es soll soviel Zucker verwendet werden, daß eine gut streichfähige Konsistenz erreicht wird. Salz und Vanille dazugeben.

Den Guß auf dem abgekühlten Kuchen verteilen. Mit einem scharfen Messer den Kuchen in Riegel schneiden. Dazu wird er der Länge nach in 4 und quer in 8 Streifen geschnitten.

Ergibt etwa 32 Riegel

Kürbis-Preiselbeer-Tarte mit Mandelkruste

Für Nachspeisen wird Kürbis meistens püriert, aber wenn man ihn roh in diese Tarte-Füllung raffelt, erhält man eine besonders gute Konsistenz. Auf Wunsch mit Schlagsahne servieren.

Für den Teig:
180 g Mehl
75 g geriebene Mandeln
50 g Streuzucker
Salz
100 g kalte Butter in kleinen Stücken
1 großes Eigelb
1 EL frisch gepreßter Zitronensaft
2–3 EL Eiswasser

Für die Füllung:
2 Tassen grob geriebener Kürbis
¼ Tasse kandierter Ingwer in feinen Scheiben
½ Tasse getrocknete Preiselbeeren (oder 2 EL Preiselbeerkompott)
große Eier
½ Tasse Honig
⅛ l Schlagsahne
4 TL zerlassene Butter
Salz

Für den Teig Mehl, Mandeln, Zucker und Salz in eine Schüssel geben. Die Butterflocken einarbeiten, bis eine grobkrumige Mischung entsteht. In einer kleinen Schüssel das Eigelb und den Zitronensaft verquirlen. Über die Teigkrumen sprenkeln und mit der Gabel vermischen. Das Eiswasser eßlöffelweise dazugeben und untermischen, bis die Zutaten lose zusammenhängen. Auf einer leicht bemehlten Arbeitsfläche kurz durchkneten und aus dem Teig eine abgeflachte Kugel formen. In Butterbrotpapier einschlagen und im Kühlschrank mindestens eine und höchstens 24 Stunden kühlen.

Einen Rost ins untere Drittel des Backofens schieben und auf 220 Grad C vorheizen.

Den Teig auf ein weiteres Blatt Butterbrotpapier geben und zu einer runden Fläche ausrollen, die groß genug ist, um damit eine runde Springform von 20–25 cm Durchmesser auszulegen. Den Teig vorsichtig in die Form geben und über den Rand ragende Überschüsse ab-

schneiden. Mit Alufolie abdecken und mit getrockneten Bohnen beschweren. Im unteren Drittel des Ofens 10 Minuten blindbacken. Bohnen und Folie entfernen und weitere 5 Minuten backen, bis die Ränder beginnen braun zu werden. Auf einem Rost vollständig auskühlen lassen.

Die Temperatur auf 120 Grad C reduzieren.

Für die Füllung Kürbis, Ingwer und Preiselbeeren in einer kleinen Schüssel miteinander vermengen.

In einer zweiten kleinen Schüssel Eier, Honig, Sahne und Butter leicht miteinander verrühren und zusammen mit dem Salz in die Kürbismischung geben. Alles gut vermengen und in die Kuchenform füllen. 45 bis 50 Minuten im Ofen backen. Vor dem Servieren vollständig abkühlen lassen.

Ergibt 8 bis 10 Portionen

REGISTER

DANKSAGUNG

Collins und das Fotografenteam möchten danken: Jeri Jones und Helga Sigvaldadottir, Foto-Assistenten; Allyson Levy und Kathleen Fazio, Food-Styling-Assistenten; Kristen Wurz, Design und Produktionskoordination; und Jonathan Mills, Produktionsleitung. Dank geht weiterhin an Bess Petlak von Freida's Inc.; John Gantner und Nancy Walker von School House Vineyards in St. Helena; Molino Creek Farm Collective in Davenport; Allison Evans; Missy Hamilton und Joan Hertzberg.